Das Zeitalter des Terrors

Das Zeitalter des Terrors

Amerika und die Welt
nach dem 11. September

Herausgegeben von
Strobe Talbott und Nayan Chanda

Propyläen

Originaltitel: *The Age of Terror*
Published by Perseus Books Group
and Yale Center for the Study of Globalization
© 2002 by Strobe Talbott and Nayan Chanda
Aus dem Amerikanischen von Joachim Kalka, Udo Rennert und Bernd Rullkötter
Deutsche Ausgabe © 2002 by Econ Ullstein List Verlag GmbH & Co. KG,
München · Berlin
Propyläen Verlag
Alle Rechte vorbehalten
Satz: Utesch GmbH, Hamburg
Druck und Verarbeitung: GGP Media, Pößneck
ISBN 3 549 07159 0
Printed in Germany 2002

Inhalt

Einführung
Strobe Talbott und Nayan Chanda

Bedeutungsschwere Momente sorgen stets dafür, dass Menschen eine Beziehung sowohl zur Geschichte als auch zueinander finden. Genau das geschah am 11. September. Bevor mehrere Tausend Menschen innerhalb von weniger als zwei Stunden starben, wurden Abschiedsbotschaften vom Himmel versandt. In ihren letzten Minuten benutzten manche der zum Tode verurteilten Passagiere der entführten Flugzeuge ihre Mobiltelefone, um Angehörige zu erreichen. Kurz darauf riefen Büroangestellte, die hoch oben in den brennenden Türmen gefangen waren, ihre Frauen oder Männer, ihre Kinder und Eltern an. Nie zuvor hatten so viele die Möglichkeit gehabt, sich zu verabschieden.

In den Stunden danach mühten sich die Überlebenden, mit Verwandten und Freunden Kontakt aufzunehmen. »Ist bei euch alles in Ordnung?«, fragten sie.

Den individuellen folgten die gesellschaftlichen Verständigungsversuche: in Gottesdiensten, Stadtversammlungen, eilig einberufenen Treffen am Arbeitsplatz, Fernseh- und Radiosendungen oder in den Veranstaltungen, die überall in den USA an Schulen und Universitäten stattfanden (natürlich auch in Yale, wo sechs unserer Essay-Autoren lehren).

Während die Ungeheuerlichkeit des Ganzen allmählich verarbeitet wurde, lag die Frage in der Luft: Ist bei *uns* alles in Ordnung?

Mit »bei uns« waren nicht nur die USA gemeint. Das Verzeichnis der Opfer von New York ist so kosmopolitisch wie die Stadt selbst. Es umfasst Bürger aus zweiundsechzig Ländern, darunter zweihundertfünfzig Inder, zweihundert Pakistaner, hundert Briten, fünfundfünfzig Australier und dreiundzwanzig Japaner. Auf allen Kontinenten fanden Gedenkgottesdienste statt, Straßen und Plätze füllten sich mit Menschen, die ihre Anteilnahme zum Ausdruck brachten. Tausende stellten sich vor amerikanischen Botschaften und Konsulaten an, um sich in Beileidsbücher einzutragen. Im Iran wurden zwei große Nachtwachen bei Kerzenlicht abgehalten. Eine Flut von Anrufen, E-Mails und Briefen mit einfühlsamen Worten erreichte die Amerikaner aus dem Ausland.

Zweifellos war es zumindest teilweise auf diese Äußerungen des Mitgefühls, der Unterstützung und der Solidarität aus der ganzen Welt zurückzuführen, dass der isolationistische Muskel im amerikanischen Staatskörper kaum einmal zuckte. Es kam zu einer Aufwallung des kämpferischen Patriotismus, aber es blieb genug Spielraum für Variationen zum Thema »In dieser Situation müssen wir alle zusammenstehen«. In seiner Rede vor beiden Häusern des Kongresses war Präsident Bush darum bemüht, die Empörung und Entschlossenheit der Nation zu internationalisieren:»Dies ist der Kampf der Welt. Dies ist der Kampf der Zivilisation.«

In den folgenden Wochen wollten die Menschen in den Vereinigten Staaten immer wieder zusammenkommen – nicht nur des Trostes und der Besinnung wegen, sondern auch, um herauszufinden, was eigentlich geschehen war, wer es warum getan hatte, was es bedeutete und was die USA und andere jetzt unternehmen sollten.

Der 11. September war aus heiterem Himmel gekommen. Und genau wie die US-Regierung überrumpelt wurde, so waren die Bürger emotional und intellektuell unvorbereitet.

Plötzlich reichten vertraute Ideen und Begriffe, beginnend mit dem Wort Terrorismus, nicht mehr aus. Die Wörterbuchdefinition beschreibt ihn als vorwiegend gegen Zivilisten gerichtete Gewalt, die im Hinblick auf einen politischen Zweck verübt wird. Diese Definition trifft im Fall des 11. September gewiss zu. Aber die früheren Erfahrungen der Amerikaner mit dem Terrorismus hatten diese neue Erscheinungsform weder vorhersehbar gemacht noch gar etwas Ähnliches eingeschlossen. US-Bürger waren zwar früher schon zu Terroropfern geworden, doch in der Regel weit von der Heimat entfernt: 1983 in einer Kaserne im Libanon und 1996 in Saudi-Arabien, 1985 auf einem Kreuzfahrtschiff im Mittelmeer, 1988 in einem Jumbojet über Schottland und 1998 in zwei amerikanischen Botschaften in Ostafrika. Diesmal aber traf der Terrorismus seine Opfer nicht nur auf amerikanischem Boden, sondern auch an Orten, die als symbolische Zentren des Wohlstands, der Sicherheit und der Kraft der Nation galten.

Am 11. September starben mehr als dreimal so viele Amerikaner wie durch sämtliche terroristischen Anschläge der vorhergehenden dreißig Jahre. Der Verlust an Menschenleben war rund zwanzigmal höher als der, den Timothy McVeigh, ein einheimischer Attentäter, 1995 durch den Anschlag von Oklahoma City verursacht hatte, und mindestens ebenso hoch wie 1941 nach dem Angriff von dreihundert japanischen Bombern auf Pearl Harbor. Kommentatoren beschworen diesen anderen Blitz aus heiterem Himmel, der Amerika vor sechzig Jahren getroffen hatte, als eine Art Präzedenzfall herauf. Aber in Wirklichkeit gab es keine Parallele. Der 11. September brachte etwas völlig Neues.

Die Angriffe wurden sofort zu Kriegsakten erklärt, aber auch dieser Begriff schien nicht ganz zuzutreffen. Wir hatten uns Krieg stets als systematische Gewalt, die von einem Staat oder einem Bündnis gegen andere verübt wird, oder als bewaffneten Konflikt zwischen verschiedenen Gruppen innerhalb einer Nation vorgestellt. Der Krieg, wie brutal und unberechenbar er auch sein mochte, hatte doch seine eigenen Regeln und arrangierte sich sogar inmitten eines Blutbades mit dem menschlichen Selbsterhaltungstrieb. Während die Kombattanten andere töteten und dabei ihr eigenes Leben riskierten, hofften sie, sich selbst retten und die Früchte des Sieges ernten zu können. Der Kalte Krieg wurde deshalb nie heiß, weil sich die Supermächte zumindest auf das eine verständigt hatten: auf den alles überragenden Imperativ, die gegenseitige Vernichtung zu vermeiden. Aber dieser neue Feind war anders. Osama bin Ladens al-Qaida zog keine Fahne auf, und ihre Krieger wurden durch die Aussicht auf den eigenen Feuertod eher inspiriert als abgeschreckt. Aber was genau trieb sie zu ihrem Handeln? Die Antwort hat zweifellos mit einer der großen Religionen der Welt und der spirituellen Heimat mehrerer großer Zivilisationen zu tun. Die Entführer, deren Namen und Konterfei den Menschen auf der ganzen Welt inzwischen vertraut sind, wurden nicht bloß durch Zorn und Hass, sondern auch durch ein groteskes, aber zumindest für sie selbst schlüssiges Verständnis des muslimischen Glaubens motiviert. Viele Amerikaner, die nie eine Ausgabe des Korans gesehen, geschweige denn eine einzige Passage daraus gelesen haben, sind fasziniert vom Testament Mohammed Attas, der wahrscheinlich die Maschine des Flugs 11 der American Airlines steuerte, als sie um 8.45 Uhr in den nördlichen Turm des World Trade Centers einschlug. Das Dokument war möglicherweise absichtlich in einem Gepäckstück zurückgelassen worden, damit es der internationalen Öffentlichkeit später bekannt werden würde. Es ist voll von Aufrufen zum Märtyrertum und von Versprechen göttlicher Belohnung für die achtzehn anderen Entführer. Diejenigen, die durch Attas Brief in die Lehren des Propheten eingeführt wurden, glaubten plötzlich, recht viel über den Islam zu wissen.

Einige muslimische Geistliche und Gelehrte ergriffen sogleich das Wort und verurteilten Attas religiöse Ansichten wie seine Taten als verabscheuungswürdig. Aber viele andere in der muslimischen Welt reagierten auf den Anschlag mit einem mürrischen, beredten Schweigen (die unausgesprochene Botschaft lautete: »Wir haben immer gesagt, dass ihr Sturm ernten werdet!«), mit Ableugnen (»Das Verbrechen hat nichts mit Religion zu tun!«) oder mit boshaften Vergleichen (indem

Parallelen gezogen wurden zwischen der vorsätzlichen Ermordung Tausender Unschuldiger und der Liquidierungspo-
litik Israels gegenüber palästinensischen Extremisten sowie
seinen Polizei- und Militäreinsätzen gegen die Intifada in den
besetzten Palästinensergebieten). Ein anderes Wort, das nach dem 11. September in den Vordergrund trat, war Globalisierung. Die Herausgeber dieses
Buches kamen im letzten Sommer nach Yale, um ein Zentrum aufzubauen, das untersuchen soll, wie die Wechselwirkung zwischen Ökonomien, Kulturen, gesellschaftlichen und
politischen Systemen die Welt verändert. Wir hatten gerade
unsere erste Sitzung des Lehrjahrs begonnen, als wir von einem Kollegen mit der Nachricht aus New York unterbrochen
wurden. Das Thema der Globalisierung war schon vorher
eine Quelle der Verwirrung und ein Gegenstand von Kontro-
versen gewesen. Sie besaß ihre Anhänger, ihre Kritiker und
ihre heftigen Gegner. Nun aber hatte die Globalisierung in
Osama bin Laden einen Erzfeind gefunden, der zugleich auf
tödlich effektive Art ein Meister ihrer Instrumente und Techniken ist.

Bin Laden gelang es auch, die von vielen erhoffte nützliche
Dynamik der Globalisierung zumindest vorläufig umzukeh-
ren. Die Revolution der letzten dreißig Jahre im Kommuni-
kations- und Verkehrswesen versetzt Individuen in die Lage,
Geld, Produkte, Informationen und Ideen durch Methoden,
die früher als Monopole Regierungen und multinationalen
Konzernen vorbehalten waren, über Grenzen hinweg zu be-
fördern. Die Terroristen machten sich diese Freiheit für ihre
Sache zunutze. Während sie sich als Vorkämpfer der ohnmächtigen Massen dieser Erde ausgaben, fanden sie eine
Möglichkeit, den mächtigsten Staat zu verwunden. Sie entwickelten einen Angriffsstil, der die wichtigsten amerikanischen Stärken – Offenheit und Mobilität – nach Art des Jiu-
Jitsu in Schwächen verwandelte. Die Entführer, ausgerüstet
mit den denkbar primitivsten Waffen, nämlich Teppichmes-

sern, bemächtigten sich einer Technologie, die als Symbol für die moderne Welt schlechthin steht, des Passagierflugzeugs. Und sie wurden von der Peripherie – das heißt aus den Ländern, in denen sich viele als Verlierer der Globalisierung fühlen – ins Zentrum entsandt, wo die Gewinner gerade einen neuen Arbeitstag begannen.

In seiner äußeren Form wirkte dieser Massenmord wie eine makabre Version von Performance-Kunst. Die perfide Inszenierung und das Timing garantierten weltweit ein Höchstmaß an Berichterstattung. An dem Tag, als die amerikanischen und britischen Angriffe auf das Taliban-Regime in Afghanistan begannen, organisierte der unsichtbare Impresario, bin Laden, einen virtuellen Auftritt mit Hilfe einer vorgefertigten Videoaufzeichnung, die auf den Fernsehkanälen tagelang zu sehen war. Darin interpretierte er die Bilder, die den über Kabul auflodernden Himmel zeigten, auf seine Weise, bevor er wieder in seiner Höhle verschwand.

Der zweite Akt, in dem mikroskopische Sporen des *Bacillus anthracis* die Hauptrolle spielten, ließ nicht lange auf sich warten. Auch wenn bislang nicht klar ist, wer genau dahinter steckt, wurde mit diesen bioterroristischen Attacken in der ersten Oktoberhälfte die größte Sorge zur Gewissheit: Der 11. September war nur der Anfang gewesen. Überall mussten sich die Menschen daran gewöhnen, in einer bis dahin nie da gewesenen Weise Angst zu empfinden. In genau diesem Sinne war die Welt in ein neues Zeitalter des Terrors getreten.

Das Böse, das die USA heimsuchte, war absolut. Es löste den natürlichen Impuls aus, eine ihrerseits absolute Doktrin aufzustellen. Präsident Bush formulierte sie folgendermaßen: *Wer Terroristen beherbergt, ist selbst Terrorist; wer Terroristen hilft und ihnen Vorschub leistet, ist selbst Terrorist – und wird als solcher behandelt werden.*

Doch rasch wurde deutlich, dass sowohl das Problem als auch die Lösung komplizierter sind. Das Motto »Gut gegen Böse« entsprach einer Schablone, die sich in der Vergangenheit auf Kriege hatte anwenden lassen (vornehmlich im Fall der Alliierten gegen die Achsenmächte während des Zweiten Weltkriegs), aber in diesem neuen Kampf werden durch die Frage, wer auf welcher Seite steht, einige peinliche Antworten hervorgerufen. Saudi-Arabien etwa – bin Ladens Heimat, die ihn verstoßen hat – zahlt seit Jahrzehnten eine Art Schutzgeld an islamische Extremisten und Dunkelmänner. Ohne die Nachsicht oder – bei früheren Unternehmungen – gar die direkte Unterstützung Saudi-Arabiens wäre bin Laden nie zu seiner heutigen Bedeutung gelangt. Ist Saudi-Arabien dadurch zum Freund oder zum Feind der USA geworden? Die knappe Antwort lautete: weder noch.

Die Terrororganisation al-Qaida und das Taliban-Regime lieferten zudem unbehagliche Fallstudien über die Gefahren einer Politik, die sich an kurzfristigen Nützlichkeitserwägungen orientiert. Diese beiden Gebilde, im Herbst 2001 das Ziel amerikanischer Bomben und Marschflugkörper, waren in den achtziger Jahren durch den amerikanischen Stellvertreterkrieg gegen die Sowjets in Afghanistan hervorgebracht worden. Nicht zum ersten und nicht zum letzten Mal war die US-Diplomatie einer alten Maxime der »Realpolitik« im Nahen und Mittleren Osten gefolgt: Der Feind meines Feindes ist mein Freund. In den neunziger Jahren waren einige dieser Freunde zu den schlimmsten Feinden geworden. Und nun, in dem neuen Krieg gegen alte, einst für zweckmäßig erachtete Alliierte, suchten die USA nach neuen Verbündeten, denen also, die bereit waren, sich zum Kampf gegen den Terrorismus als umfassendem Imperativ zu bekennen.

Wiederum ist das Vokabular nicht frei von Fallstricken. Die Binsenweisheit, dass des einen Terrorist des anderen Freiheitskämpfer ist, findet ihre Parallele in der Erkenntnis: Wer den einen als willkommener Verbündeter bei der Terrorbekämpfung gilt, ist für andere der Vertreter einer verbrecherischen Politik. Minderheiten, die seit langem von der jeweiligen Zentralgewalt brutal unterdrückt werden, etwa die Tschetschenen in Russland oder die Uiguren in China, fürchteten nach dem 11. September zu Recht eine neue Welle von Repressalien, diesmal aber unter abgeschwächtem Protest der Außenwelt. Durch den Angriff auf fast elftausend Kilometer entfernte Ziele wollte bin Laden nicht zuletzt auch Wirkung in seiner eigenen Heimatregion erzielen. Die Menschen dort sollten aufgestachelt werden, und zwar nicht nur gegen den Großen Satan Amerika, sondern auch gegen die autoritären und korrupten Herrscher in ihren eigenen Ländern. Außer den Zwillingstürmen in Lower Manhattan wollten die Terroristen auch zwei weniger stabile Gebilde zum Einsturz bringen: das prowestliche Militärregime in Pakistan und die Dynastie der Saud. Der Anschlag war eine klassische Provokation: Er sollte die USA dazu verleiten, überall in der arabischen Welt und am Persischen Golf um sich zu schlagen, und dadurch die Öffentlichkeit in diesen Ländern gegen die lokalen und globalen Machthaber aufwiegeln.

Die USA und ihre Koalitionspartner erkannten diese Gefahr und taten ihr Bestes, den Charakter und das Ausmaß ihrer Militäraktion entsprechend zu justieren. Aber jeder Tag brachte neue Hinweise darauf, dass bin Laden nicht nur über ein weit gespanntes Netz von Attentätern, sondern auch über eine breite und disparate Anhängerschaft verfügt, die über den Kreis der eigentlichen Übeltäter weit hinausgeht. Den zweiten Schock am 11. September brachten für viele Amerikaner die Fernsehbilder aus dem Westjordanland, die tanzende und jubelnde Palästinenser auf den Straßen zeigten. In den folgenden Tagen und Wochen waren unter den Medienkommentatoren auch ägyptische Intellektuelle zu vernehmen, die die Angriffe zwar verurteilten, deren eigentliche Botschaft jedoch zu lauten schien, dass die USA nichts anderes verdient hätten. Im Oktober erfuhr man von den vielen pakistanischen Müttern, die ihren Neugeborenen den Namen Osama gaben. Wenn man all diese Menschen mit den Terroristen gleichsetzte, würde man bin Laden gerade in die Hände arbeiten.

Seine Absicht war es, die Polarisierung der Welt weiter zu verschärfen. Wenn er ein Motto hatte, dann folgendes: In dieser Situation sollen die Menschen eben *nicht* zusammenstehen. Ihm ging es um den Kampf der Gläubigen (und zwar nur der Gläubigen im Sinne seines Verständnisses vom Islam) gegen die Ungläubigen. Er war der selbst ernannte Messias dessen, was noch zur *self-fulfilling prophecy* eines Kampfes der Kulturen werden könnte. Die Herausfordung bestand darin, bin Laden in dieser Beziehung wie in allen anderen scheitern zu lassen.

Bei der Erörterung solcher Dilemmas, die am 11. September in unser Leben einbrachen, können geschichtliche Kenntnisse weiterhelfen. Über die Fragen der Zukunft nachzudenken bedeutet auch, sich noch einmal der Vergangenheit zuzuwenden, denn offenkundig gab es vieles, das wir missverstanden oder völlig außer Acht gelassen haben. Sonst wären die USA und die Welt auf den 11. September vorbereitet gewesen. Oder besser: Die Welt hätte die Ereignisse vielleicht sogar durch gemeinsame Anstrengungen verhindern können. Deshalb haben an diesem Buch vier Historiker mitgearbeitet – neben einem Berufsdiplomaten, einem Juraprofessor, einem Politikwissenschaftler und einer Molekularbiologin.

John Lewis Gaddis behauptet, dass sich der Einsturz des World Trade Centers als ebenso folgenreich erweisen wird wie der Fall der Berliner Mauer zwölf Jahre zuvor. Er findet in der amerikanischen Politik während des Kalten Krieges und seiner Folgezeit (der »Post-Kalte-Kriegs-Ära«) Leitlinien für den vor uns liegenden Kampf. Paul Kennedy untersucht die langfristigen Pespektiven für die Machtpolitik der USA und erklärt, wie sie angesichts eines neuen Feindes, der Guerillataktiken im globalen Maßstab anwendet, aufrechterhalten werden kann. Abbas Amanat folgt den Wurzeln des islamischen Extremismus über die antiamerikanischen Ausbrüche der iranischen Revolution und ihrer Verherrlichung des Märtyrertums bis hin zu den Erfahrungen der muslimi-

schen Welt mit dem Kolonialismus. Charles Hill führt die
Instabilität im Nahen Osten auf die rückständigen und auto-
kratischen Herrschaftsstrukturen in der Region zurück und
auch darauf, dass Amerika – so seine Sichtweise – in dieser
Hinsicht ein Jahrzehnt lang unschlüssig und nachlässig gehandelt habe. Niall Ferguson bewertet die Rolle der USA als
einer wirtschaftlichen und militärischen Supermacht, die
einer entscheidenden Prüfung ihrer Führungsqualitäten ent-
gegenblickt. Ihm geht es um die Frage, ob die Führer des
einzigen Staates mit den ökonomischen Mitteln, die Welt zu
verbessern, denn auch den Mumm für ein solches Projekt haben. Harold Hongju Koh sieht den 11. September als Testfall
für die Verpflichtungen Amerikas gegenüber Demokratie,
Rechtsstaatlichkeit und Menschenrechten, im Inland wie im
Ausland. Paul Bracken wendet sich dem Scheitern des amerikanischen Sicherheitsapparates zu und empfiehlt dem neuen
Amt für innere Sicherheit, bestimmte Managementtechniken
der amerikanischen Industrie zu übernehmen, um ein System
zu korrigieren, das lange vor dem 11. September beschädigt
war. Maxine Singer blickt zurück auf einen früheren Bush –
Franklin Roosevelts Wissenschaftsberater Vannevar Bush –,
um ein Modell dafür zu erabeiten, wie die USA das wissenschaftliche, technologische und medizinische Fachwissen der
Nation mobilisieren können, um den Bioterrorismus und andere Gefahren zu bekämpfen, die aus Petrischalen, Reagenz-
gläsern und – der größte Alptraum – nuklearen Einrichtungen herrühren.

Bei der Zusammenstellung dieser Essays gingen wir von
der Arbeitshypothese aus, dass das Unverzeihliche nicht unbedingt unverständlich oder unerklärbar sein muss. Verstehen
und Erklären sind das, womit die Autoren ihren Lebensunter-
halt bestreiten, und darum geht es ihnen auch hier. Sie bieten
gleichzeitig mehr an, aber auch weniger als eindeutige Ergebnisse. Das Tempo, die Komplexität und Unberechenbarkeit
der Ereignisse lassen nicht zu, endgültige Urteile oder Rezep-

te in diesem Buch vorzulegen. Mögen die Taliban auch besiegt sein, so besteht doch wenig Zweifel daran, dass der Kampf gegen den Terrorismus noch lange dauern wird. Hier soll gezeigt werden, wie sich acht Intellektuelle mit den Geschehnissen jenes Tages auseinander setzten und was jeder von ihnen für die wichtigsten Lektionen, Ziele und Warnungen hält, die wir beachten sollten, während wir zur Normalität zurückkehren. Normalität bedeutet, dass wir alle auf die Frage »Ist bei uns alles in Ordnung?« schließlich mit einem Ja antworten können.

Lehren aus der alten Ära für die neue

John Lewis Gaddis

Wir haben nie eine gute Bezeichnung für sie gehabt, und nun ist sie vorbei. Die Post-Kalte-Kriegs-Ära – nennen wir sie so, da uns ein besserer Begriff fehlt – begann mit dem Kollaps eines Bauwerks, der Berliner Mauer, am 9. November 1989 und endete mit dem Kollaps eines anderen, der Zwillingstürme des World Trade Centers, am 11. September 2001. Kaum jemand hätte ahnen können, dass diese Ereignisse eintreten würden. Aber sobald sie eingetreten waren, bestätigte jeder, dass sich alles geändert hatte.

Es ist ein Merkmal solcher Wendepunkte, dass sie mehr Licht auf die Geschichte, die ihnen vorausging, als auf künftige Entwicklungen werfen. Der Fall der Berliner Mauer verriet uns nicht viel darüber, wie die Welt nach dem Kalten Krieg aussehen würde, aber er lieferte uns zahlreiche Erkenntnisse über den Kalten Krieg selbst. Plötzlich wurde deutlich, dass die DDR, der Warschauer Pakt und sogar die Sowjetunion seit langem viel von der Machtfülle eingebüßt hatten, die ihnen von den USA und ihren NATO-Partnern bis zu dem Tag, als die Mauer stürzte, zugeschrieben worden war. Die gesamte Geschichte des Kalten Krieges stellte sich nun völlig anders dar. Nachdem die Historiker sein Ende miterlebt hatten, konnten sie seine eigentliche Hauptperiode – oder auch nur seine Anfänge – nie mehr mit demselben Blick betrachten wie zuvor.

Etwas Ähnliches dürfte nun auch für die Post-Kalte-Kriegs-Ära gelten. Welcher Begriff sich auch immer für die Ereignisse des 11. September einbürgern wird – »Angriff auf Amerika«, »Schwarzer Dienstag« oder einfach »11.9.« –, sie haben bereits eine Neubewertung nicht nur in der Frage er-

zwungen, wo wir als Nation stehen und in welche Richtung
wir uns entwickeln mögen, sondern auch bei der Einschätzung dessen, was hinter uns liegt. Auf unsere jüngste Vergangenheit fällt mit einem Mal ein klares Licht, obwohl die Zukunft noch im Dunkeln liegt. Um eine viel bemühte Formel
aufzugreifen: Nun ist offensichtlich, dass wir einige Dinge
getan haben, die wir besser unterlassen hätten, während andere Dinge, die wir hätten tun sollen, unerledigt geblieben sind.
Die gegenwärtige Herausforderung besteht darin, das eine
vom anderen zu unterscheiden.

I.

Aber der Reihe nach. Keine von den USA begangene oder
unterlassene Handlung kann das rechtfertigen, was am 11.
September geschehen ist. Wohl keine moralische Norm ist
tiefer verwurzelt als das Verbot, in Friedenszeiten Unschuldige zu töten. Wie auch immer sich die Menschen in ihrer kulturellen, religiösen, ethnischen oder sozialen Identität von-
einander unterscheiden mögen – diese Regel steht über all
solchen Differenzen.

Die Angriffe vom 11. September haben gegen dieses moralische Verbot auf eine Weise verstoßen, die sich mit allen
anderen Terroranschlägen der Vergangenheit nicht mehr
vergleichen lässt: erstens dadurch, dass die Täter unerklärt
ließen, welcher Sache sie eigentlich dienen wollten, zweitens
durch die Unterlassung, eine Warnung auszusprechen, und
schließlich durch die offenkundige Absicht, den Angriff auf
eine Weise auszuführen, dass er eine möglichst hohe Zahl an
Opfern fordern würde. Manche wollen sogar wissen, der An-
näherungswinkel der Flugzeuge sei so berechnet worden,
dass möglichst viele Etagen der Zwillingstürme getroffen
würden. Es gibt keinen Zweifel: Dies war ein Akt des Bösen,
und keine realen oder vermeintlichen Missstände, wie verbreitet oder stark empfunden sie auch sein mögen, können
ihn entschuldigen.

Gleichwohl befreien uns weder unsere berechtigte Empörung noch die patriotischen Gefühle, die durch den Anschlag ausgelöst wurden, von der Verpflichtung, kritisch zu denken. Würde nach dem 11. September noch jemand behaupten, dass die Vereinigten Staaten die Strategie fortsetzen könnten, die sie vor dem 11. September in der Sicherheits- und Außenpolitik verfolgt hatten? Die Amerikaner waren *nicht* für das verantwortlich, was in Pearl Harbor geschah, aber sie wären extrem *verantwortungslos* gewesen, wenn sie ihre Politik nach diesem Angriff nicht auf dramatische Weise verändert hätten. Niemand hätte – wäre es möglich gewesen, die Ereignisse, die zu der damaligen Katastrophe führten, noch einmal durchzugehen – genauso gehandelt wie zuvor.

In diesem Geiste müssen wir prüfen, wie die USA ihre Pflichten im Jahrzehnt nach dem Ende des Kalten Krieges wahrgenommen haben – nicht, um Schuld zuzuweisen, Vorwürfe zu erheben oder in Selbstmitleid zu verfallen, sondern schlicht zur Bestimmung der zukünftigen Politik. Mit nichts weniger kann sich der Patriotismus zufrieden geben.

2.

Die klarste Schlussfolgerung, die sich aus den Ereignissen des 11. September ergibt, ist die, dass *die geographische Lage und die Militärmacht der USA nicht mehr ausreichen, ihre Sicherheit zu garantieren.*

Die Amerikaner sind zwar auch in der Vergangenheit von Unsicherheit in ihrer eigenen Heimat betroffen gewesen, aber nicht über einen längeren Zeitraum hinweg. Abgesehen von Pearl Harbor und ein paar Nadelstichen der Japaner, die 1942 versuchten, an der nordwestlichen Pazifikküste durch Bomben Waldbrände auszulösen, oder dem Überfall des mexikanischen Guerillaführers Pancho Villa auf Columbus, New Mexico, im Jahr 1916, haben die USA auf ihrem Boden keinen Angriff von außen mehr erlebt, seit britische Soldaten 1814 Washington eroberten und das Weiße Haus sowie das Kapitol niederbrannten. Eine makabre Parallele zeigt sich darin, dass das vierte am 11. September entführte Flugzeug – das vermutlich durch das Eingreifen von Passagieren abstürzte – möglicherweise eines dieser Gebäude zum Ziel hatte. Wenige andere Nationen haben sich so lange derart wenig Sorgen um ihre innere Sicherheit machen müssen. Der verstorbene Yale-Historiker C. Van Woodward ging so weit, diesen Mangel an Sorge als entscheidendes Merkmal des amerikanischen Charakters zu definieren. »Frei verfügbare Sicherheit« hat seiner Meinung nach das Selbstverständnis Amerikas genauso geprägt wie die freie oder fast freie Verfügbarkeit von Land.

Später, im zwanzigsten Jahrhundert, wurde dieses Gefühl der Sicherheit untergraben. Die Ursache lag darin, dass die USA eine wichtigere Rolle in der Weltpolitik übernommen und sich gleichzeitig bedrohliche Verschiebungen im europäischen Mächtegleichgewicht ergeben hatten. Gleichwohl hatten die Amerikaner nicht das Gefühl, Gefahren im Inland ausgesetzt zu sein. Wir waren in den Ersten Weltkrieg eingetreten, um die Herrschaft Deutschlands über Europa zu verhindern, und wir griffen in den Zweiten Weltkrieg ein, als uns der japanische Überfall, gefolgt von Hitlers eigener Kriegserklärung, keine andere Wahl mehr ließ.

Trotzdem blieb das Festland der USA in dem langen und blutigen Konflikt ungefährdet. Weder die Deutschen noch die Japaner konnten unsere Städte bombardieren oder unser Territorium besetzen, während wir umgekehrt genau das zu tun vermochten. Und obwohl während des Krieges rund hundertzwanzigtausend Amerikaner japanischer Herkunft eingesperrt wurden, war die einzige bedeutende fünfte Kolonne, die damals in den Vereinigten Staaten operierte, die eines Alliierten, nämlich der Sowjetunion – eine Tatsache, die erst nach Kriegsende entdeckt wurde. Die Welt mochte bedroht sein, aber die innere Sicherheit konnte in den totalen Kriegen des zwanzigsten Jahrhunderts für fast genauso selbstverständlich gelten wie während der meisten Zeit im neunzehnten Jahrhundert.

Im Kalten Krieg wurde der amerikanische Heimatboden in doppelter Hinsicht unsicherer: Wie sich herausstellte, hatten Landsleute sich von der UdSSR als Spione anwerben lassen, und man wusste, dass sowjetische Langstreckenbomber und später Interkontinentalraketen in der Lage sein würden, die amerikanischen Grenzen zu überqueren. Die Spione waren in den meisten Fällen hinter Schloss und Riegel, als die McCarthy-Ära in den frühen fünfziger Jahren ihren Höhepunkt erreichte – eine Tatsache, die mit erklären mag, weshalb jene Zeit der Paranoia so rasch vorüberging. Die atomare Gefahr verschwand jedoch nie ganz, und eine Zeit lang war sie sogar sehr greifbar für die Amerikaner, die erlebten, wie ihre öffentlichen Gebäude zu Fall-out-Bunkern erklärt wurden, und aufgefordert wurden, eigene Schutzräume hinter ihren Häusern einzurichten.

Trotz der Momente echter Kriegsangst, etwa während der Berlin- und der Kubakrise, stammten die einzigen Bilder, die wir von zerstörten amerikanischen Städten hatten, aus Katastrophenfilmen und Science-Fiction-Romanen. Die reale Gefahr blieb uns fern. Wir hatten Gegner, aber wir besaßen auch die Mittel, sie abzuschrecken.

Also bedeutete nicht einmal die Unsicherheit des Kalten Krieges, dass Amerikaner, die in ihrem eigenen Land lebten, arbeiteten und reisten, um ihr Leben hätten bangen müssen. Die Risiken für das amerikanische Inland waren stets vage und fern, wie klar und präsent die Gefahren jenseits der eigenen Grenzen auch gewesen sein mochten. Schon der Begriff der »nationalen Sicherheit«, der während des Zweiten Weltkriegs erfunden und während des Kalten Krieges so häufig benutzt wurde, schloss immer die Sichtweise ein, dass sowohl Bedrohungen als auch verwundbare Stellen *außerhalb* des Landes lagen. Unsere Streitkräfte und Nachrichtendienste waren dementsprechend organisiert.

Aus diesem Grund unterschied die U.S. *Commission of National Security in the 21st Century* – oft nach ihren Vorsitzenden Gary Hart und Warren Rudman als Hart-Rudman-Kommission bezeichnet – in ihrem Report zwischen »nationaler Sicherheit« und »innerer Sicherheit«, als sie im März 2001 mit gespenstischer Voraussicht vor unserer Verwundbarkeit im Inland warnte. Nach dem 11. September haben wir den Begriff der inneren Sicherheit nicht nur übernommen, er wurde sogar zu einem Synonym für nationale Sicherheit. Diese Revolution in unserem Denken wurde uns von den Ereignissen jenes Tages aufgezwungen. Damit sind die Amerikaner in ein neues Zeitalter ihrer Geschichte eingetreten, in dem sie Sicherheit nicht mehr als selbstverständlich voraussetzen können. Sie ist – wo und wann auch immer – nicht mehr frei verfügbar.

Das Verstörende des 11. September bestand auch darin, wie die Terroristen Objekte, die wir zuvor nie für gefährlich gehalten hatten, erfolgreich in tödliche Waffen verwandelten. Nichts wirklich Martialisches wie Bomben oder auch nur Feuerwaffen kam zum Einsatz. Stattdessen benutzten sie Alltagsgegenstände wie Taschenmesser, Bindfaden und Teppichmesser – und natürlich Verkehrsflugzeuge. Außerdem verbanden die Terroristen einen, wie uns scheinen mag, primitiven Glauben an den Lohn des Märtyrertums mit den modernsten Methoden in Planung, Koordination und Ausführung. Offensichtlich haben wir es nicht nur mit einer neuen Kategorie leicht verfügbarer Waffen, sondern auch mit einer neuen Kombination von Kompetenz und Willenskraft beim Einsatz dieser Waffen zu tun.

Genauso frappierend bei diesem Angriff war das Verhältnis von Aufwand und Folgewirkungen. Kein früherer Akt des Terrorismus lässt sich auch nur annähernd mit diesem vergleichen, was die Zahl der Opfer und den angerichteten Schaden betrifft. Es gab mehr Tote als in drei Jahrzehnten der Gewalt in Nordirland. Die Zahl beträgt mehr als das Dreifache dessen, was die seit über einem Jahr andauernde Intifada der Palästinenser gegen Israel bislang auf beiden Seiten an Toten gefordert hat, und was die an einem einzigen Tag erlittenen Todesfälle angeht, so wurden die blutigsten Schlachten des amerikanischen Bürgerkriegs in den Schatten gestellt. Demgegenüber forderte die Operation das Leben von neunzehn Terroristen und Ausgaben in Höhe von nicht mehr als etwa fünfhunderttausend Dollar. Der »Ertrag«, wenn wir diesen Begriff aus der Geschäftssprache einmal bemühen dürfen, bestand aus mehr als dreitausend Toten und Wiederaufbaukosten in Höhe von vielleicht bis zu hundert Milliarden Dollar. Quoten wie diese – fast zweihundert Opfer auf jeden Selbstmordattentäter und zweihunderttausend Dollar an Schadenskosten für jeden ausgegebenen Dollar – dürften einen Maßstab setzen, an dem sich künftige Terroristen messen werden.

Das Prinzip des Terrorismus hat mit einer Art Hebelwirkung zu tun: Man will mit geringem Aufwand eine Menge erreichen. In diesem Sinne war die Operation vom 11. September ein brillanter Erfolg – selbst wenn man berücksichtigt, dass eine der vier Maschinen ihr Ziel nicht erreichte und dass vielleicht noch mehr Flugzeuge entführt werden sollten. Die Bilder der traumatisierten New Yorker, die durch die Straßen ihrer Stadt rannten, um niederstürzenden Gebäudetrümmern oder der nachfolgenden Wolke aus Asche und Staub zu entkommen, oder der Regierung in Washington, die Schutz suchen musste – diese Erinnerungen werden sich unserem Gedächtnis genauso lebhaft einprägen wie die sechs Jahrzehnte älteren Bilder von brennenden Schiffen der US-Marine, die an ihren eigenen Docks in einem amerikanischen Marinehafen auf amerikanischem Territorium sanken.

Sicherheit hat mithin eine neue Bedeutung, auf die uns kaum etwas in unserer Geschichte und noch weniger in unserer Planung vorbereitet hat.

3.

Daraus ergibt sich eine zweite Schlussfolgerung, nämlich die, *dass unsere Außenpolitik seit dem Ende des Kalten Krieges unseren Interessen nur unzureichend gedient hat.* Die nationale Sicherheit erfordert mehr als bloß militärische oder nachrichtendienstliche Operationen. Sie hängt letztlich davon ab, dass ein internationales Umfeld geschaffen wird, in dem sich die eigenen Interessen vertreten lassen. Dies ist die Aufgabe der Außenpolitik. Trotz vieler Fehler und Irrwege gelang es den Vereinigten Staaten in der zweiten Hälfte des zwanzigsten Jahrhunderts, ein solches Umfeld aufzubauen. Der Zusammenbruch der Sowjetunion rührte in nicht geringem Maße von dem Versäumnis her, im Sinne ihrer Interessen das Gleiche zu tun.

Am Ende des Kalten Krieges war die Welt daher einem Konsens über die Geltung amerikanischer Werte – kollektive Sicherheit, Demokratie, Kapitalismus – näher als je zuvor. Präsident George Bushs Wort von der »neuen Weltordnung« spiegelte eine Interessenkonvergenz zwischen den Großmächten wider, die zwar unvollkommen, nichtsdestotrotz aber beispiellos war. Es gab zwar nach wie vor Differenzen mit der Europäischen Union, Russland, China und Japan in Fragen des internationalen Handels, des Umgangs mit regionalen Konflikten oder der Achtung von Menschenrechten. Aber diese Probleme waren geringfügig, verglichen mit denen, durch die zwei Weltkriege entstanden waren und die den Kalten Krieg am Leben erhalten hatten. Wie es schien, hatten die Amerikaner endlich eine Welt gefunden, die den eigenen Wertvorstellungen wohlwollend gegenüberstand.

Was aber ist seitdem geschehen? Kann man sagen, dass die Welt des Jahres 2001 amerikanischen Interessen gegenüber so aufgeschlossen war wie noch zehn Jahre zuvor? Offensichtlich nicht. Es wäre unklug, allein die Vereinigten Staaten für die Enttäuschungen des vergangenen Jahrzehnts verantwortlich zu machen. Zu viele andere Akteure – von Saddam Hussein über Slobodan Milošević bis hin zu Osama bin Laden – haben ihren Teil dazu beigetragen. Aber die Frage, welche die Amerikaner nach Pearl Harbor verfolgte, darf weiterhin gestellt werden: Hätten wir die Gelegenheit, die Ereignisse noch einmal durchzugehen, bei welchen außenpolitischen Entscheidungen würden wir uns dann anders verhalten, wo würden wir erneut so handeln? Die Frage ist keineswegs hypothetischer Art. Die Administration von George W. Bush hat im Anschluss an den 11. September bereits die gründlichste Neubewertung ihrer außenpolitischen Richtlinien seit dem Ende des Kalten Krieges vorgenommen. Die Ergebnisse sind noch nicht ganz klar, doch man neigt weit eher zum Wandel als zur Kontinuität. Damit werden die Mängel der amerikanischen Weltpolitik während der Post-Kalte-Kriegs-Ära, die nun deutlicher zutage treten als früher, implizit anerkannt.

Einer dieser Mängel war offensichtlich der Unilateralismus, eine spezifische Gefahr für eine Supermacht, die nach dem Ende der bipolaren Welt als einzige übrig geblieben ist. Wenn kaum ein Gegengewicht sichtbar ist, neigen solche Staaten dazu, ihre Führungsmacht auszuüben, ohne anderen zuzuhören – eine Verhaltensweise, die sogar bei denen, die eigentlich zum Gehorsam bereit wären, Widerstand hervorrufen kann. Nach ihrem Sieg im Zweiten Weltkrieg war es den USA gelungen, eine solche Situation zu vermeiden, da es eine konkurrierende Supermacht in Gestalt der Sowjetunion gab. Die Alliierten der USA – und sogar ihre früheren Gegner – tolerierten ein gewisses Maß an amerikanischer Arroganz, weil ihnen stets »etwas Schlimmeres« drohte. Die US-Regierung, die den Abfall oder den Zusammenbruch dieser verbündeten Staaten fürchtete, behandelte sie ihrerseits mit größerer Achtung und größerem Respekt, als in Anbetracht des damaligen Machtungleichgewichts vielleicht hätte erwartet werden können.

Aber durch den amerikanischen Sieg im Kalten Krieg ging dieses »etwas Schlimmeres« verloren. Die Ideen, die Institutionen und die Kultur, für die Amerika steht, blieben zwar überall auf der Welt so attraktiv wie eh und je, doch die Politik der USA erschien nun als anmaßend, egoistisch und rücksichtslos gegenüber den Interessen anderer. Unsere eigene Innenpolitik verschärfte die Situation: Da während dieser Periode das Weiße Haus zumeist in der Hand der einen Partei war, während der Kongress von der anderen Partei beherrscht wurde, war es schwierig, Einigkeit in international bedeutenden Fragen wie der Zahlung der UN-Beiträge, der Beteiligung am Internationalen Gerichtshof, der Ratifizierung des Umfassenden Teststoppabkommens, der Landminenkonvention oder des Kyoto-Protokolls über den Klimaschutz zu erzielen. Während des Kalten Krieges hätte sich der Entscheidungsprozess in den meisten Fällen leichter gestaltet, denn uns wäre klar gewesen, dass unsere Feinde von solchen Versäumnissen profitiert hätten.

Ein zweites Problem ergab sich, weitgehend als Folge dieses Unilateralismus: Wir vernachlässigten die Pflege der Großmachtbeziehungen. Denn wir schienen anzunehmen, vielleicht weil wir die größte der Großmächte sind, dass wir zur Förderung unserer Interessen der Kooperation der anderen nicht mehr bedürften. Deshalb ließen wir es zu, dass sich unsere Beziehungen zu den Russen und den Chinesen bis zum Ende des Jahrzehnts derart verschlechterten, dass kaum noch ein Dialog mit Moskau und Peking geführt wurde. Wir konnten eine der bemerkenswertesten Leistungen der amerikanischen Außenpolitik während des Kalten Krieges nicht aufrechterhalten: den Erfolg Richard Nixons und Henry Kissingers, die eine Situation geschaffen hatten, in der unsere Gegner sich gegenseitig mehr fürchteten als die USA. Es war, als bezögen wir unsere geopolitische Inspiration nicht mehr von Otto von Bismarck, sondern von Kaiser Wilhelm II. Dies war hauptsächlich das Ergebnis einer Haltung, die als drittes Kennzeichen unserer Außenpolitik in der Post-Kalte-Kriegs-Ära gelten kann, nämlich die Tatsache, dass wir Gerechtigkeit auf Kosten von Ordnung förderten. Wir hatten die Erfordernisse der Gerechtigkeit zwar auch während des Kalten Krieges nie völlig aus den Augen verloren, aber wir versuchten, ihnen Nachdruck zu verschaffen, indem wir mit den Mächtigen zusammenarbeiteten, damit sie den Ohnmächtigen eine bessere Behandlung zukommen lassen würden. Wir bemühten uns, die Menschenrechte von innen nach außen statt von außen nach innen zu fördern: manchmal mit Erfolg, manchmal ohne. Doch mit dem Ende des Kalten Krieges änderten wir unsere Haltung. Wir vergrößerten die NATO gegen den Willen der Russen – nicht, weil die Polen, Tschechen und Ungarn die militärische Schlagkraft der Allianz nennenswert erhöhten, sondern weil diese Länder früher Ungerechtigkeiten erlitten und die Mitgliedschaft deshalb »verdient« hatten. Dann nutzten wir die vergrößerte Allianz, um den Kosovo-Albanern zu Hilfe zu kommen, indem wir Serbien bombardierten, obwohl wir dadurch die Souveränität eines international anerkannten Staates ohne explizite Billigung durch die Vereinten Nationen verletzten. Es war keine Überraschung, dass dies nicht nur die russische, sondern auch die chinesische Führung verärgerte, denn beiden sitzen ihre eigenen unzufriedenen Minderheiten im Nacken. In beiden Fällen waren unsere Absichten lobenswert, aber wir hätten dem größeren geopolitischen Zusammenhang mehr Aufmerksamkeit schenken sollen.

Ein vierter Aspekt unserer Außenpolitik in der Post-Kalte-Kriegs-Ära ergab sich aus dem dritten: die Inkonsequenz, mit der wir Fragen der Gerechtigkeit in den verschiedenen Regionen der Welt verfolgten. Offensichtlich bemühten wir uns im Falle der Tschetschenen oder der Tibeter keineswegs so hartnäckig wie bei den Kosovo-Albanern darum, für Gerechtigkeit zu sorgen. Die Nervosität in Moskau und Peking war unbegründet, beide hatten wenig zu befürchten. Aber dadurch, dass Washington universale Prinzipien nicht auf einer universalen Basis verfolgte, musste es sich den Vorwurf der Heuchelei gefallen lassen. Schlimmer noch: Anderswo, etwa in Somalia, enthüllte unser Widerstreben, eigene Verluste zu riskieren, wie gering unsere Bereitschaft war, Opfer für die Rechte anderer zu bringen. Das Gleiche galt für unser Verhalten in Ruanda, wo wir vor den brutalsten Massakern des Jahrzehnts einfach die Augen verschlossen.

Unterdessen tolerierten wir im Nahen Osten die fortgesetzte Enteignung und Unterdrückung von Palästinensern durch Israel, obwohl wir für die Wahrung palästinensischer Rechte eintraten. Und wir passten unsere Außenpolitik nicht der Tatsache an, dass sich ein alter Gegner, der Iran, auf freie Wahlen und ein parlamentarisches System zubewegte, während alte Verbündete wie Saudi-Arabien sich solchen Entwicklungen verweigerten. Kurz gesagt, zwischen unseren proklamierten Prinzipien und unserem Handeln tat sich eine Kluft auf. In vielen Teilen der Welt führte das zu einem Gefühl der Desillusionierung. Gewiss liegt hier einer der Gründe dafür, warum bin Ladens Hassreden bei so vielen Menschen in Nordafrika, im Nahen Osten und in Asien einen derartigen Widerhall finden.

Ein fünftes Problem bestand in unserer Neigung, unser eigenes Wirtschaftssystem als Modell zu betrachten, das in der ganzen übrigen Welt Anwendung finden müsse – ohne Rücksicht auf unterschiedliche lokale Bedingungen und mit geringer Rücksichtnahme auf die soziale Ungleichheit, die es erzeugen würde. Dies war besonders offenkundig im Fall von Russland, wo wir allzu leichtfertig annahmen, dass sich ein glatter Übergang zum Marktkapitalismus erreichen ließe. Unsere Versuche zur Hilfestellung waren nicht annähernd mit dem Ausmaß und der Entschlossenheit jener Programme zu vergleichen, die wir eingeleitet hatten, um die Volkswirtschaften unserer besiegten Gegner nach dem Zweiten Weltkrieg wieder aufzubauen.

Außerdem hätte Washington weit sensibler darauf reagieren müssen, dass in großen Teilen der Welt der Wohlstand und die Macht Amerikas für die Ungleichheiten verantwortlich gemacht wurden, die ein globalisierter Kapitalismus mit sich brachte. Der Kapitalismus hätte sich nach dem Kalten Krieg so oder so ausgebreitet, unabhängig von einer bestimmten Politik der USA. Aber dadurch, dass wir eine so explizite Verbindung zwischen seiner Expansion und unseren außenpolitischen Zielen herstellten, machten wir uns im Ausland mit einer Sache gemein, die wir im eigenen Land nie geduldet hätten: mit den Funktionen eines unregulierten Marktes ohne soziales Sicherheitsnetz. Adam Smith hatte gewiss Recht mit seiner Behauptung, dass das Individuum, das seine eigenen Interessen verfolgt, letztlich dem Gemeinwohl dient; aber auch Karl Marx hatte Recht, als er geltend machte, dass Wohlstand nicht gleichmäßig an alle verteilt werden kann und soziale Entfremdung die Folge ist. Die USA und die meisten anderen fortgeschrittenen Gesellschaften entwickelten in der ersten Hälfte des zwanzigsten Jahrhunderts Methoden, mit denen diese widerstreitenden Wahrheiten durch die regulierenden Eingriffe des Staates in Einklang gebracht werden sollten. Andernfalls hätte der Kapitalismus vielleicht nicht überlebt. Während der Post-Kalte-Kriegs-Ära hingegen gab es keine außenpolitische Zielvorgabe, eine solche Aussöhnung auf weltwirtschaftlicher Ebene zu erreichen.

Und schließlich richteten die USA ihr Augenmerk hauptsächlich auf die Vorteile der Globalisierung, während sie von den damit verbundenen Gefahren wenig wissen wollten. Nach dem Ende des Kalten Krieges war häufig die Rede davon, wie sehr sich die Grenze zwischen Inland und internationaler Welt verwischt habe. Dass sich Menschen, Kapital, Waren und Ideen nun ungehinderter von einem Staat zum anderen bewegen konnten, wurde allgemein begrüßt. Es war allerdings kaum die Rede davon, dass sich Gefahrenpotenziale jetzt genauso freizügig bewegen können. Hierin besteht eine

der Hauptlektionen des 11. September: Die Elemente der
neuen Weltordnung – der globale Verkehr, für den vor allem
das Flugzeug steht, eine liberale Haltung gegenüber Einwanderern, freier Kapitalverkehr und der Multikulturalismus als
solcher mit der konkreten Konsequenz, dass in den USA
selbstverständlich jeder eine Flugausbildung absolvieren darf
– können auf schreckliche Weise gegen sie gewendet werden.
Wir scheinen uns eingeredet zu haben, dass die neue Welt der
globalen Kommunikation eine alte Eigenschaft der menschlichen Natur irgendwie überwunden hat, nämlich die Fähigkeit, Hass zu empfinden und sich in seinem Handeln von ihm
leiten zu lassen.

Was all diese Fehler miteinander verbindet, ist ein Scheitern der strategischen Perspektive: Es bedarf zukünftig der
Fähigkeit zu begreifen, wie sich die einzelnen politischen
Maßnahmen eines Staates zu einem Ganzen verbinden. Das
bedeutet, dass man nicht der Illusion verfällt, es ließen sich an
bestimmten Orten bestimmte politische Ziele verfolgen,
ohne dass diese sich am Ende gegenseitig beeinflussen. Es
bedeutet, sich daran zu erinnern, dass politisches Handeln
Konsequenzen hat: dass auf jede Maßnahme eine Reaktion
folgt, deren Charakter nicht immer berechenbar ist. Es bedeutet, die Tatsache zu akzeptieren, dass nicht automatisch
eine lineare Beziehung zwischen Aufwand und Ertrag besteht: Enorme Bemühungen können in manchen Situationen
minimale Ergebnisse, minimale Bemühungen in anderen Situationen enorme Konsequenzen zeitigen. Es bedeutet, über
die Folgen solcher Asymmetrien für das Verhältnis zwischen
Zweck und Mitteln nachzudenken, das heißt über das zentrale Problem jeglicher Strategie: Hebelwirkung ist wichtig,
und unsere Gegner nutzen sie bisher erfolgreicher als wir.
Und schließlich ist eine wirkungsvolle nationale Führung erforderlich – eine Qualität, an die man sich mit Blick auf die
amerikanische Außenpolitik während der Post-Kalte-Kriegs-
Ära schwerlich erinnern wird.

Was also hätten wir im Bereich der Außenpolitik anders machen
sollen? Eine ganze Menge, wie sich nun herausstellt, während wir
auf ein Jahrzehnt zurückblicken, in dem unsere Klugheit offenbar
von unserer Macht übertroffen wurde.

4.

Welchen Weg sollen wir nun beschreiten? Werden die Ereignisse des 11. September unsere Politik wieder in Einklang mit unseren Interessen bringen? Können wir die Klarheit der strategischen Vision zurückgewinnen, die sich während des Kalten Krieges bewährt hatte und uns danach verlassen zu haben scheint? Schocks wie dieser haben auch die heilsame Wirkung, dass sich das Denken auf das Wesentliche konzentriert. Diejenigen von uns, die sich während der neunziger Jahre Sorgen darüber machten, dass in einem Zeitalter der scheinbaren Sicherheit strategische Perspektiven nur schwer zu entwickeln sind, brauchen sich nun nicht mehr zu beunruhigen. Wie im Fall von Pearl Harbor lässt sich eine verwirrende Welt plötzlich leichter verstehen, wenn auch um einen entsetzlichen Preis.

Was erneut hervortritt, ist die Aussicht auf »etwas Schlimmeres« als eine von Amerika beherrschte Welt – vielleicht etwas viel Schlimmeres. Die Angriffe auf New York und Washington haben über Nacht eine neue Koalition gegen den Terrorismus zusammengebracht. Der nach 1991 verdorrte Konsens der Großmächte ist in erweiterter Form zurückgekehrt: Die USA, die Europäische Union, Russland, China und Japan stehen nun alle auf derselben Seite – wenigstens was die Frage des Terrorismus betrifft –, und ihnen haben sich unerwartete Verbündete wie Pakistan, Usbekistan und vielleicht, wenn auch sehr diskret, der Iran angeschlossen. Der Terrorismus kann ohne irgendeine staatliche Unterstützung schwerlich gedeihen, doch der 11. September macht deutlich, dass der Terrorismus die Autorität aller Staaten in Frage stellt. Jeder Staat hat Flugzeuge, und alles, was unter ihnen liegt, muss nun

als potenzielles Ziel betrachtet werden. Genau wie die Furcht
vor der UdSSR während des Kalten Krieges eine amerikanische Koalition hervorbrachte und am Leben erhielt – und
genau wie die Möglichkeit der nuklearen Vernichtung die
Sowjets letztlich zur Zusammenarbeit mit dem Westen bewog
–, so ist die plötzliche Drohung von »etwas viel Schlimme-
rem« ein paradoxer, doch mächtiger Verbündeter in dem neu-
en Krieg, mit dem wir es nun zu tun haben.

Aber um diese Koalition aufrechtzuerhalten, wird es notwendig sein, eine gewisse Vielfalt in ihrem Innern zu tolerie-
ren. Das war eine unserer Stärken während des Kalten Krieges. Die USA waren viel erfolgreicher als die Sowjetunion,
wenn es darum ging, zu führen und gleichzeitig zuzuhören, so
dass jene, die wir führten, ein Interesse daran hatten, geführt
zu werden. Deswegen überlebte die NATO, während das chi-
nesisch-sowjetische Bündnis und der Warschauer Pakt unter-
gingen. Wenn die globale Koalition gegen den Terrorismus
auf Dauer bestehen soll, wird sie den Amerikanern noch
größere Flexibilität abverlangen, als zu Zeiten des Kalten
Krieges nötig war. Wir werden den Unilateralismus aufgeben
müssen, den wir während der Post-Kalte-Kriegs-Ära pflegten
und an dem die Regierung Bush vor dem 11. September offensichtlich besonderen Gefallen gefunden hatte. Wir werden
unsere Alliierten eher über gemeinsame Interessen als über
gemeinsame Werte definieren müssen. Auch werden wir
mehr Kompromisse schließen müssen, als uns lieb sein mag,
was die Förderung von Menschenrechten, offenen Märkten
und demokratischen Verfahrensweisen betrifft. Wir werden
uns mehr als früher darauf konzentrieren müssen, jegliche
Hilfe im Krieg gegen den Terrorismus heranzuziehen, wo immer wir sie finden können. Unsere Bemühungen um Gerechtigkeit werden in manchen Regionen der Welt darunter möglicherweise leiden. Es ist unwahrscheinlich, dass wir so schnell
wieder Kosovo-Albanern zu Hilfe kommen oder die Unterdrückung von Tschetschenen und Tibetern verurteilen wer-

den. Der Ausgleich wird, so ist zu hoffen, darin bestehen, dass sich Gerechtigkeit in einem umfassenderen Rahmen herstellen lässt, denn der Terrorismus hat allen nur wenig Gerechtigkeit zu bieten. Wenn wir diesen Weg einschlagen, müssen wir uns auch den Missständen widmen, aus denen sich der Terrorismus in erster Linie speist. Auch dafür gibt es Präzedenzfälle aus dem Kalten Krieg. Indem wir Deutschland und Japan nach dem Zweiten Weltkrieg rehabilitierten und Europa durch den Marshallplan Wirtschaftshilfe leisteten, sorgten wir dafür, dass die sowjetische Alternative weniger verlockend wirkte, während wir den Sowjets selbst mit einer Politik der Eindämmung begegneten. Wir leiteten unsere eigene Version der asymmetrischen Kriegführung gegen den Kommunismus ein. Unsere »Hebelwirkung« ergab sich daraus, dass wir unsere Stärken phantasievoll gegen seine Schwächen einsetzten, und die »Belohnung« war mindestens genauso disproportional wie das, was die Terroristen am 11. September erreichten. Ein relativ geringer Aufwand an politischen und geistigen Ressourcen verschaffte den USA und ihren Verbündeten in der zweiten Hälfte des zwanzigsten Jahrhunderts eine viel angenehmere Welt als in der ersten. Können wir die gleiche Strategie nun auch auf jene Teile der so genannten Dritten Welt anwenden, in denen Verhältnisse herrschen, die einen Nährboden für den Terrorismus bilden? Wir müssen es versuchen, denn einige dieser Regionen sind heute mindestens genauso gefährdet wie Europa und Japan vor einem halben Jahrhundert.

Die Ära, in die wir gerade eingetreten sind – wie immer wir sie nennen werden –, wird uns unzweifelhaft schmerzhaftere Entscheidungen abverlangen als die, welche wir gerade hinter uns gelassen haben. Die Antiterrorkoalition wird Belastungen ausgesetzt sein, während ihre Prioritäten schwanken. Manche Staaten werden sich gewiss von unserer Sache lossagen. Weitere terroristische Angriffe werden nicht zu verhindern sein.

Sie werden Demoralisierung, aber auch größere Entschlossenheit nach sich ziehen.

Selbst in diesem frühen Stadium des Krieges, den die Terroristen provoziert haben, hat es jedoch den Anschein, dass sie die Konsequenzen unterschätzt haben könnten. »Für was für ein Volk halten sie uns denn?«, fragte Winston Churchill nach Pearl Harbor mit Blick auf die Japaner. Es lohnt sich, unseren Feinden von heute die gleiche Frage zu stellen, denn *es kann kaum ihre Absicht gewesen sein, den USA eine weitere Chance zu geben, die Welt in eine neue Ära zu führen – diesmal auf klügere Weise.*

Macht durch Gewalt:
Die Neuerfindung des islamischen Extremismus

Abbas Amanat

Es bleibt ein aufschlussreiches Kennzeichen des 11. September, dass kein Individuum und keine Gruppe sich offen zu dem Anschlag bekannte. Die Täter, Selbstmörder wie Überlebende, verzichteten darauf, zu ihrem Verbrechen zu stehen oder es sich als Verdienst anrechnen zu lassen, einen heroischen Schlag gegen die Symbole der amerikanischen Finanz- und Militärmacht geführt zu haben. Es ist, als wollten sie das Blutbad für sich selbst sprechen lassen. In dem Fernsehinterview mit Osama bin Laden, das als Aufzeichnung am 7. Oktober ausgestrahlt wurde – dem Tag, an dem die amerikanischen und britischen Luftangriffe auf Ziele in Afghanistan begannen –, beschränkte dieser sich darauf, die Märtyrer dafür zu preisen, dass sie das »Schwert des Islam« als Strafe für die amerikanische und israelische Besetzung der heiligen islamischen Gebiete in die USA gestoßen hätten.

Dem Schreiber dieser Zeilen, einem Nahost-Historiker, der selbst in jenem Teil der Welt aufgewachsen ist, erscheint bin Ladens Botschaft der Gewalt als ernüchternde Erinnerung daran, was aus dem Nahen Osten geworden ist. Es geht hier nicht allein darum, dass einige Männer aus dem Nahen Osten eine Gewalttat von beispiellosen Dimensionen gegen ein Land begangen haben, dessen Kultur in dieser Region gleichermaßen verteufelt wie auch als verführerisch empfunden wird. Auch nicht nur darum, dass dieser Akt die schlimmsten Klischees von Gewalttätigkeit und Fanatismus bestätigte, die seit langem mit dem Islam und dem Nahen Osten assoziiert werden. Es hat vor allen Dingen damit zu tun, dass der Anschlag vieles über das unbestreitbare und alarmierende

Wachstum des religiösen Extremismus in der muslimischen Welt offenbarte. Diese Entwicklung ist eng verflochten mit der schwierigen historischen Erfahrung, den Übergang in die moderne Welt zu bewältigen. In den USA und anderen westlichen Gesellschaften macht man den anerkennenswerten Versuch, zwischen Extremismus und dem eigentlichen islamischen Glauben zu unterscheiden. Die Präsenz vieler muslimischer Gemeinden im Westen wirkt sich hier auf positive Weise aus. Wir alle – ungeachtet unserer Herkunft und unserer Sichtweisen – würden vermutlich gern glauben, dass bin Laden und seine al-Qaida-Organisation eine groteske Anomalie darstellen. Dann würden wir uns sicherer fühlen, und der Dialog und die Koexistenz zwischen muslimischen und nichtmuslimischen Kulturen und Gesellschaften wären geringeren Gefährdungen ausgesetzt. Gleichwohl wird man diese jüngste Gewalttat des islamischen Extremismus nicht isoliert von umfassenderen und tiefer gehenden Problemen betrachten können, die gleichermaßen im Nahen Osten selbst wie auch im Wesen der westlichen – vor allem amerikanischen – Nahostpolitik zu finden sind.

Bei der Suche nach einem historischen Kontext für diesen Ausbruch an Feindseligkeit muss man sich übrigens nicht allein auf die im Westen so geschätzte Tradition rationaler Analyse stützen, man kann sich ebenso auf die zahlreichen Ermahnungen zur Vernunft, die sich im Koran finden, berufen. Auch die einst blühende Tradition des Humanismus in der islamischen Welt und ihre Offenheit den Einflüssen anderer Kulturen gegenüber könnte als Ausgangspunkt dienen. Die Region des heutigen Afghanistan etwa, nun eines der unglücklichsten und am brutalsten zugerichteten Länder der Welt, erlebte einst eine glänzende und für alle Seiten bereichernde Wechselwirkung der Zivilisationen. Hier begegneten sich die persische und die buddhistische Kultur und begründeten eine humanistische Tradition der Koexistenz. Herat, das im letzten Herbst einen der ersten Plätze auf der Zielliste amerikani-

scher Bomber einnahm, war im fünfzehnten Jahrhundert Mittelpunkt einer kulturellen Entwicklung, die sich mit ihrer
überschäumenden Kreativität in Künsten, Literatur, Archi-
tektur und Wissenschaft mit der damals in Südeuropa blühenden Renaissance vergleichen lässt. Einen symbolischen Gegensatz dazu markierten die Taliban im letzten Frühjahr, als
sie in einem himmelschreienden Akt von Ignoranz und Fanatismus die prächtigen Buddha-Statuen in der uralten Stadt
Bamian in Zentralafghanistan zerstörten.

Wenn wir solche Gegensätze verstehen wollen, kommen
wir nicht umhin, das Phänomen der Taliban als Folge eines
strukturellen Mangels bei der Entstehung des heutigen
Afghanistan zu betrachten. Die europäischen Kolonialmächte
des neunzehnten sowie die Supermächte des zwanzigsten
Jahrhunderts haben hier viel zu verantworten. Die Regeln des
»Großen Spiels«, wie die Rivalität zwischen Russland und
Großbritannien genannt wurde, machten es erforderlich,
Afghanistan zu einer Art Puffer umzugestalten. Das führte
allerdings zur Bildung eines neuen Landes, das in Sprache,
ethnischer Herkunft, Stammeszugehörigkeit, religiösem
Glauben, Geographie, historischer und kultureller Erfahrung
gespalten war. Das so entstandene Gebilde ordnete sich dem
Willen der Kolonialmächte nie völlig unter, und es entwickelte sich auch nie zu einem wirklichen modernen Nationalstaat.
Und als zu diesen strukturellen Mängeln im späten zwanzigsten Jahrhundert der Druck miteinander konkurrierender
Ideologien und die machtpolitischen Interessen der Supermächte hinzukamen, erwies sich der strenge und aggressive
Islam der Taliban als einzige Kraft, die Afghanistan zusam-
menhalten konnte. In dieser Hinsicht spiegelt Afghanistan die
schmerzliche Geschichte eines großen Teils der postkolonialen muslimischen Welt wider, an deren Horizont sich an so
vielen Stellen der Extremismus religiöser Militanter abzeich-
net.

I.

Das Phänomen, das wir als islamischen Extremismus bezeichnen, mit seiner Neigung zu Gewalttätigkeit, Ressentiment und Verachtung, hat seine Wurzeln in der Geschichte des Verfalls der muslimischen Welt und in der unglücklichen Begegnung des Islam mit dem dominierenden Westen. Man muss sich vor Augen führen, wie häufig der Nahe Osten – als ein Teil der muslimischen Welt – in seiner jüngeren Geschichte von Wellen der Gewalt heimgesucht wurde. Seit dem Ende des Zweiten Weltkriegs hat das Gebiet, das sich von Ägypten und der Türkei im Westen bis hin nach Afghanistan im Nordosten und zum Jemen im Süden erstreckt, unter mindestens zehn großen Kriegen zu leiden gehabt (wobei der amerikanische Militäreinsatz in Afghanistan nach dem 11. September nicht einmal mitgerechnet ist). Die Zahl der Opfer geht in die Millionen. Ganze Bevölkerungsgruppen und Gesellschaften sind entwurzelt, politische Einheiten zerstört worden – und das alles in einem gewaltigen Umfang. In drei Kriege der Region waren Westmächte oder die Supermächte verwickelt (die Angriffe Großbritanniens und Frankreichs auf Ägypten während der Suezkrise von 1956; in den achtziger Jahren das lange, vergebliche Bemühen der Sowjetunion, Afghanistan zu unterjochen; der von den Amerikanern angeführte Feldzug zur Befreiung Kuwaits vom Irak 1991). Israel und seine arabischen Nachbarn trugen fünf Kriege (1948, 1956, 1967, 1973 und 1982) gegeneinander aus; der Jemen und der Libanon haben lang andauernde Bürgerkriege durchgemacht; der Irak und der Iran bekämpften sich über acht Jahre hinweg. Die tief greifenden Auswirkungen dieser Krisen haben das Leben mehrerer Generationen im Nahen Osten geprägt. Angesichts der fest im Sattel sitzenden Diktaturen in den jeweiligen Ländern, des Scheiterns demokratischer Einrichtungen, einer hohlen nationalistischen Propaganda und vor allem der anhaltenden wirtschaftlichen Misere haben die Menschen in der gesamten Region den Glauben an eine bessere Zukunft immer mehr verloren. Für viele trugen und tragen die Westmächte – direkt wie indirekt – einen Teil der Schuld. Und ob aufgrund historischer Realität oder einer fehlerhaften Wahrnehmung, vor der Kulisse eines mächtigen Westens und eines ohnmächtigen Nahen Ostens erschien es vielen Menschen plausibel, den westlichen Staaten die Verantwortung zuzuschieben. Seit den Tagen des europäischen Kolonialismus im neunzehnten Jahrhundert bis hin zu den jüngeren Interventionen der Supermächte besteht ein diplomatisches, militärisches und wirtschaftliches Muster, welches das Schicksal des Nahen Ostens und seiner Ressourcen mit dem Westen verbindet. Durch Öl, weit reichende strategische Überlegungen oder die Unterstützung Israels motiviert, waren die Westmächte an den meisten politischen Krisen der Region entweder direkt beteiligt, oder sie wurden als die eigentlichen Drahtzieher im Hintergrund vermutet.

Bei den jüngeren Generationen im Nahen Osten verschlechterte sich so das Bild des Westens drastisch, insbesondere der USA. Die Erinnerung an wohlwollende Yankees, die Schulen, Universitäten und Krankenhäuser bauten, Lebensmittel verteilten und die Interessen der jeweiligen Nationen förderten, war längst verschwunden. Gleichzeitig wuchs die Faszination, die von der amerikanischen Populärkultur ausging, dank Hollywood und der Erzeugnisse der Hightechindustrie – Computern, Videospielen und Satellitenschüsseln. Doch während die Schlangen der Visa-Antragsteller vor US-Konsulaten immer länger wurden, legte sich paradoxerweise eine Wolke des Misstrauens und des Ressentiments gegen die Vereinigten Staaten über die Region. Die Menschen im Nahen Osten begannen, die amerikanische Gesellschaft durch die Brille von Fernsehkomödien und Software zu betrachten. Von außen erschienen die USA so als Zentrum einer habgierigen, materialistischen und rücksichtslosen Welt, die von

Gewalt und Promiskuität besessen ist. Dass die USA Israel vorbehaltlos unterstützten, unpopulären Regimen Beistand leisteten und ihre Kampfflugzeuge in den nahöstlichen Luftraum schickten, verstärkte die antiamerikanischen Empfindungen nur noch mehr.

2.

Das Misstrauen gegenüber dem Westen erhöhte sich durch die problematische Art und Weise, mit welcher der Nahe Osten seinen eigenen Weg in die Moderne suchte. Seit Beginn des zwanzigsten Jahrhunderts veränderte der allgemeine Trend der Verwestlichung den Lebensstil der Menschen und brachte neue Hoffnungen mit sich. Aber trotz eines nicht zu leugnenden Maßes an Wachstum und materieller Besserstellung weisen die meisten Wirtschaftsindikatoren den heutigen Nahen Osten immer noch als eine der am wenigsten entwickelten Regionen der Welt aus. Der Nahe Osten müht sich endlos ab mit erfolgloser Wirtschaftsplanung, hohen Geburtenraten, einer ungleichmäßigen Vermögensverteilung, hoher Arbeitslosigkeit, weit verbreiteter Korruption, unfähigen Bürokratien, Umwelt- und Gesundheitsproblemen. Entsprechend groß ist das Ausmaß an Frustration vor allem unter den jungen Menschen in den Städten – oft Kinder zugezogener Landbewohner, die auf der Suche nach einem besseren Leben und einem höheren Einkommen in die urbanen Zentren gekommen waren.

Ihrer traditionellen Lebenswelt ist die infolge hoher Geburtenraten zunehmend jüngere Bevölkerung des Nahen Ostens beraubt worden. Gleichzeitig ist sie den trügerischen Verlockungen ausgesetzt, die man um sich herum und auf den Fernsehschirmen beobachten kann, die aber doch unerreichbar bleiben. In dieser Situation bietet die vertraute und tröstende Umgebung des Islam eine willkommene Alternative. Tägliche Gebete, Freitagspredigten, Koran-Studiengruppen, islamische Wohltätigkeitsorganisationen – sie alle sind Teil dieses Umfeldes. Dazu gehören aber auch Demonstrationen oder die heimlich verbreiteten Pamphlete mit ihren zornigen Botschaften gegen das Establishment, das säkulare Leben und den Zionismus. Die Regierungen des Nahen Ostens und die herrschenden Eliten haben diesen ungeduldigen Massen kaum etwas zu bieten. Sie sind selbst ein Teil des Problems, und sie verstärken das Gefühl der Machtlosigkeit in der Bevölkerung nur noch. Unmittelbar nach dem Zweiten Weltkrieg waren nationalistische Ideologien äußerst wirksam, wenn es darum ging, die Öffentlichkeit gegen die europäischen Kolonialstaaten zu mobilisieren. Aber im Laufe der Zeit erwiesen sie sich häufig als Hindernis für das Wachstum demokratischer Institutionen und die Entstehung einer dauerhaften Zivilgesellschaft. Die Armeeoffiziere, die in Ägypten, Syrien, im Irak und anderswo durch Militärputsche an die Macht gelangten, setzten zunächst ganz auf weltlich ausgerichtete antiwestliche Rhetorik. Aber angesichts der Untergrabung ihrer eigenen Legitimität lernten sie, den aufkommenden islamischen Bewegungen in ihren Gesellschaften Lippenbekenntnisse zu leisten. Sie instrumentalisierten die wachsende Hinwendung der Menschen zum Islam als Puffer zwischen der Elite und den Massen, um individuelle Freiheiten besser unterdrücken zu können. Wie vorauszusehen war, wurden die städtischen Mittelschichten des Nahen Ostens, die der Modernisierung aufgeschlossen gegenüberstanden, zu den Opfern einer solchen Beschwichtigungspolitik. Diese Mittelschichten, zwar gering an Zahl und leicht angreifbar, waren doch entscheidende Vermittler der Verwestlichung, obwohl sie sich ein Bewusstsein ihrer jeweiligen Nationalkultur bewahrten. In Ägypten, dem Irak, Syrien, der Türkei und dem Iran unterhöhlten die Regierungen in ihrem Streben nach Wirtschaftswachstum und größerem Eigenkapital vorsätzlich die ökonomische Basis ihrer Mittelschichten, und zwar durch schwerfällige zentrale Planung und unbedachte Verstaatlichungsprogramme. Die bedrängten und eingeschüchterten Mittelschichten des heutigen Nahen Ostens sind nicht mehr bereit oder fähig, die Sache demokratischer Reformen zu vertreten. Daraus bezieht der verdorbene Bodensatz dieser politisch zum Schweigen gebrachten und unterworfenen Schicht seine Stärke, der seinen Protest in steigendem Maße durch die Stimme des Extremismus äußert.

Aus diesem Milieu stammte Mohammed Atta, der erfolglose Sohn eines vermögenden ägyptischen Anwalts. Ein anderes Beispiel ist bin Ladens Organisationschef Aiman al-Sawahiri, ein Arzt aus einer berühmten ägyptischen Familie.

Diese erstaunliche Neuorientierung zum radikalen Islam hin muss im Licht einer tieferen Identitätskrise in der arabischen Welt verstanden werden. In der postkolonialen Periode waren die meisten Nationalstaaten der Region gezwungen, auf die Schnelle ihre eigenen nationalistischen Ideologien zu entwickeln, um oftmals unverbundene lokale und ethnische Einzelgruppen zusammenzuhalten. Gleichzeitig mussten sie der Ideologie des Panarabismus – der Idee oder dem Traum, dass alle arabischen Völker eine Gesamtnation bilden – treu bleiben, einem Projekt, das kläglich scheitern sollte. Ägypten hätte nach der Kolonialzeit die Grundlage für eine eigene ägyptische Nationalideologie besessen, doch unter Gamal Abd el-Nasser tauschte es diesen Vorteil gegen die panarabische Führungsrolle ein. Doch der säkulare Panarabismus, sei es der der Nasser-Ära in den fünfziger und sechziger Jahren oder jener der Baath-Regime des Irak und Syriens in den sechziger und siebziger Jahren, erwies sich für die Intellektuellen, die ihn unterstützt hatten, als Illusion. Noch weniger einträglich war er für die arabischen Massen, die jahrzehntelang der staatlichen Propaganda und der Demagogie auf den Straßen ausgesetzt waren. Die harte Realität des Lebens unter den militärischen und paramilitärischen Regimen in der arabischen Welt wirkte auch auf die leidenschaftlichsten Anhänger des arabischen Nationalismus ernüchternd.

In dieser verzweifelten Lage gewann für die machtlosen
arabischen Massen der gemeinsame Kampf gegen den Zionismus an Bedeutung. Der Widerstand gegen die Gründung
einer jüdischen Heimstätte seit dem Ende des Ersten Weltkriegs und gegen die Schaffung des Staates Israel 1947/48 hatte
der arabischen Welt einen Sammelpunkt von großer symbolischer Bedeutung geliefert. Die zahlreichen Kriegsniederlagen
gegen Israel, die später folgten, erweckten in der arabischen
Psyche die Erinnerung an die lange Kolonialherrschaft zu
neuem Leben. In der arabisch-nationalistischen Sichtweise
war der Zionismus nicht nur eine im neunzehnten Jahrhundert wurzelnde Form des Nationalismus, sondern ein vom
Westen gesteuertes Projekt, durch das er seinen imperialen
Einfluss fortsetzen und seine Interessen in der Region wahren
wollte – mithin die neueste Manifestation jahrhundertelanger
Feindschaft gegenüber den muslimischen Völkern. Für viele
in der arabischen Welt bedeutete die Annahme eine gewisse
Erleichterung, dass Hunderte von Millionen Arabern Israel
nur deshalb nicht besiegen konnten, weil es von den West-
mächten beschützt wurde. Und es gab zahlreiche Indizien, die
sie von der Richtigkeit ihrer Meinung überzeugten.

3.

Die Verzweiflung über die Unterdrückung, die von den Regimen der eigenen Länder ausging, und die Hilflosigkeit gegenüber der Konsolidierung des benachbarten zionistischen
Staates brachten einen neuen Geist der islamischen Solidarität hervor. Dieser war politisch radikal, monolithisch in seinen
Überzeugungen und feindselig, was das Verhältnis zum Westen betraf.

Der entscheidende Wandel vollzog sich allerdings nicht innerhalb der arabischen Welt, sondern durch die Revolution
im Iran von 1979. Die Gründung einer islamischen Republik
unter Führung des kompromisslosen Ayatollah Khomeini bestärkte überall in den muslimischen Ländern den lang geheg-

ten Wunsch, ein wahrhaft islamisches Regime zu schaffen.

Obwohl das iranische Modell des revolutionären Islam von einer radikalen schiitischen Geistlichkeit vertreten wurde, die entsetzliche Gräueltaten an ihrem eigenen Volk beging, galt es als Wegweiser für einen »authentischen« und universalistischen Islam. Mit Hilfe von Tonbandkassetten und Demonstrationen war es den iranischen Revolutionären gelungen, den Schah und das mächtige Pahlewi-Regime zu stürzen, obwohl dieses über ein gewaltiges Militärarsenal verfügte, ein Säkularisierungsprogramm vertrat und westliche Unterstützung genoss. Und noch aufrüttelnder war die antiimperialistische Rhetorik, deren sich die Revolution bediente.

Als die Anhänger des Ayatollahs 1980/81 die amerikanische Botschaft belagerten und dessen Personal als Geiseln nahmen, bezeichnete Khomeini die USA als den »Großen Satan«, weil sie die »pharaonischen« Mächte – ein Etikett für den Schah und die konservativen Herrscher anderswo in der Region – gestärkt und die »Entrechteten« der Erde unterdrückt hätten.

Der Krieg zwischen dem Irak und dem Iran von 1980 bis 1988 verstärkte die Anziehungskraft des Märtyrertums, das seit langem tief im schiitischen Islam verwurzelt ist. Der Konflikt wurde als apokalyptischer Dschihad zwischen den Kräften der Wahrheit und der Unwahrheit dargestellt. Außerdem glaubten die Iraner, nicht nur ihr eigenes Volk zu verteidigen, sondern mit dem Krieg auch die Revolution exportieren zu können.

Wie es auf den Spruchbändern und in den Schlachtrufen vieler minderjähriger Freiwilliger hieß, sollte der Pfad der islamischen Befreiung über die Schlachtfelder hinweg zu den heiligen schiitischen Städten Kerbela und Najaf im Irak und bis hin nach Jerusalem führen.

Obwohl die iranische Revolution außerhalb des Landes nirgendwo Fuß fassen konnte, fand die Verherrlichung des Märtyrertums ein breites Echo. Die revolutionären Schiiten der libanesischen Hisbollah und später die jungen Palästinenser, die sich begeistert der Hamas und dem Islamischen Dschihad als Selbstmordattentäter zur Verfügung stellten, verstanden das Märtyrertum als Weg zur Selbstverwirklichung. Es fällt nicht schwer, die gleichen Züge bei den Flugzeugentführern des 11. September auszumachen.

Die Beschleunigung der islamischen Radikalisierung in den frühen achtziger Jahren trug dazu bei, die Weltsicht einer Generation zu prägen, aus der ein Extremist wie Osama bin Laden hervorging. Mit Anfang zwanzig war er ein frommer und etwas langweiliger Student an der Universität Dschidda in Saudi-Arabien. Er stammte aus einer superreichen Familie mit engen Beziehungen zum saudischen Königshaus. Im November 1979 muss er die Besetzung der Großen Moschee in Mekka und den Aufstand unter Führung eines messianischen Eiferers miterlebt haben, der behauptete, er sei vom Propheten selbst bevollmächtigt worden, Gerechtigkeit walten zu lassen. Die rasche Niederschlagung dieses Aufstandes durch die saudischen Behörden fand in einem Moment statt, als das israelisch-ägyptische Friedensabkommen von Camp David gerade einen Monat zuvor unterzeichnet worden war. Sämtliche islamischen Aktivisten hielten das Abkommen für Verrat an der arabischen und islamischen Sache. Nur ein Jahr später, im Oktober 1980, wurde der ägyptische Präsident Anwar al-Sadat von einer Splittergruppe der Muslimbruderschaft ermordet, mit der Aiman al-Sawahiri, bin Ladens künftiger Hauptmitarbeiter, in Verbindung gebracht wurde.

Der Aufstand in Mekka und Sadats Ermordung hatten beide ihre geistigen Wurzeln in einer Tradition des religiösen Radikalismus, die auf die Vereinigung der Muslimbrüder in den zwanziger und dreißiger Jahren und davor auf die im späten achtzehnten Jahrhundert gegründete Wahhabitenbewegung zurückgeht. Die zentrale Doktrin des Wahhabitentums bestand in der Rückkehr zu den »tugendhaften Ahnen«. Dabei handelt es sich um eine äußerst rückschrittliche, monolithische Interpretation des Islam, die Salafijja, die seit Jahrhunderten zur strikten Befolgung puritanischer Prinzipien aufgerufen hatte.

Im frühen zwanzigsten Jahrhundert spielte das Wahhabitentum die entscheidende Rolle bei der Ausformung Saudi-Arabiens zum theokratischen Staat. Es lieferte die Leitdoktrin auf dem Weg zu der moralischen und politischen Regeneration, die sich die Muslimbruderschaft zum Ziel gesetzt hatte. Inspiriert durch die Lehren von Sajjid Qutb, einem Führer der Muslimbrüder, der 1966 vom Nasser-Regime hingerichtet worden war, gewann diese Ideologie in den frühen achtziger Jahren neuen Aufschwung. Von einem wahrhaft Gläubigen wurde verlangt, dass er den Freveln seiner säkularen Umgebung »abschwor«. Die Hauptzielscheiben der Bewegung waren die Regime der arabischen Welt, deren Säkularismus als Rückfall in das »Heidentum« der vorislamischen Zeit geächtet wurde. Qutb ermahnte die Muslimbrüder, dem Vorbild des Propheten zu folgen und Zuflucht an verlassenen Orten zu suchen. Dies war ein Aufruf an die Gläubigen, die Hedschra (Auswanderung) nachzuvollziehen, bei welcher der Prophet das heidnische Mekka verlassen und sich nach Medina begeben hatte. (Das Jahr dieser Reise markiert den Beginn des islamischen Kalenders und der islamischen Geschichte.)

Die Lehre der Salafijja, wie sie von Sajjid Qutb verkündet wurde, fand bei den islamischen Radikalen der arabischen Länder überwältigenden Zuspruch. Aber die Wildnis, die ihnen als Zuflucht hätte dienen können, ließ sich weder im ölreichen Saudi-Arabien bin Ladens noch im von Touristen überlaufenen Ägypten al-Sawahiris erschaffen. Stattdessen bot sich Afghanistan an. Die Widerstandsbewegung, die sich dort gegen die sowjetischen Besatzungstruppen bildete, wirkte auf radikale wie gemäßigte Muslime äußerst attraktiv. Sie konnte Aktivisten aller islamischen Richtungen zu einer gemeinsamen Sache vereinigen, nämlich zum Kampf gegen die Ausbreitung des gottlosen Kommunismus. Zudem trug das

Bündnis mit den afghanischen Mudschaheddin gegen die Sowjets dazu bei, das Prestige des Saudi-Regimes sowohl in den Augen der Muslime als auch der Amerikaner zu erhöhen, die entschlossen waren, den Moskauer Vormarsch Richtung Persischer Golf zu verhindern.

In dem Jahrzehnt nach dem sowjetischen Einmarsch in Afghanistan Ende 1979 stärkten öffentliche und private Mittel aus Saudi-Arabien, zusammen mit heimlicher Ausbildungs- und Militärhilfe durch die USA, den Krieg der Mudschaheddin. Die pakistanische Armee leistete logistische Unterstützung, und wahhabitisch orientierte religiöse Schulen in Peschawar, der pakistanischen Grenzstadt am Fuß des Khyber-Passes, garantierten einen stetigen Zustrom glühender islamischer Missionare und entschlossener Gotteskrieger für die Schlacht, die in Afghanistan gegen die Besatzer aus dem »Reich des Bösen« geschlagen wurde. Um der zerstrittenen afghanischen Widerstandsbewegung eine noch stärker islamische Note zu verleihen, ersuchte die CIA das Königreich der Saudis, durch die Entsendung eines frommen Mitglieds der herrschenden Familie ein symbolisches Zeichen zu setzen.

4.

Osama bin Laden, der leidenschaftliche, charismatische Freiwillige, war glaubwürdiger und wirkungsvoller als ein zögerlicher und alternder saudischer Prinz. Bin Laden genoss die politische und finanzielle Unterstützung zahlreicher konservativer Gönner. Eine hoch gewachsene Gestalt von knapp zwei Metern, damals noch in Savile-Row-Anzüge gekleidet, traf er Mitte der achtziger Jahre in Peschawar ein. Dort geriet er bald in Konflikt mit den stark zersplitterten Mudschaheddin, die nicht Arabisch, sondern Paschtu und Dari (einen Dialekt des Persischen) sprachen. Noch weniger teilte man hier bin Ladens Hingabe an das militante Wahhabitentum. Er fand jedoch Zuflucht in einer Clique aus gleich gesinnten Freiwilligen, die bald als Araber-Afghanen bekannt wurden.

Diese wachsende internationale Brigade, der vielleicht bis zu fünftausend Männer angehörten, wurde in der Einsamkeit eines fremden Landes durch das Gefühl der arabischen Kameradschaft zusammengeschweißt. Es handelte sich um Abtrünnige und Exilanten aus der ganzen arabischen Welt von Marokko bis zum Jemen, und viele waren bereits in ihrer Heimat als religiöse Militante aufgetreten.

Im Schutz ihres Hauptquartiers entwickelten bin Laden und seine Mitkämpfer ihren Plan für einen universalistischen islamischen Staat, der, wenn nötig, auch durch Gewalt geschaffen werden sollte. Bin Ladens Programm, wie er es in den folgenden Jahren verkündete, forderte eine theokratische Oberherrschaft für die arabische und islamische Welt und erweckte dadurch die klassische Idee des Kalifats zu neuem Leben.

Zu den Mentoren bin Ladens in Peschawar gehörten Abdullah Azzam, ein radikaler jordanischer Palästinenser, der 1989 durch eine Autobombe getötet wurde, und Abdul Rasul Sajjaf, ein militanter wahhabitischer Prediger, den die saudische Regierung als ideologischen Statthalter zu den afghanischen Mudschaheddin geschickt hatte. Die unrühmliche Niederlage der sowjetischen Streitkräfte erhöhte bin Ladens Prestige in Afghanistan und in der islamischen Welt überhaupt, obwohl die Araber-Afghanen nur einen geringen – und recht späten – militärischen Beitrag geleistet hatten. Während sich die Sowjets zurückzogen, gründete bin Laden al-Qaida (wörtlich »Basis«), ein Netzwerk von Lagern mit militärischen und ideologischen Aufgaben. Ihr Hauptziel bestand darin, das Wahhabitentum unter den Afghanen zu verbreiten, doch hatte sie dabei nur wenig Erfolg. Al-Qaida wurde rasch zu einer Zuflucht für die zurückgebliebenen Araber-Afghanen und deren Familien sowie, dem Namen entsprechend, zu einer Basis für Operationen, die an anderen Orten durchgeführt wurden.

Anfang der neunziger Jahre nahm bin Laden mehrere Ortswechsel vor. Die Wirren, die dem Zusammenbruch des prosowjetischen Regimes folgten und in deren Verlauf die zerstrittenen afghanischen Mudschaheddin 1992 nach Kabul gelangten, endeten enttäuschend für ihn, weil die Hekmatyar-Gruppe – der die radikalsten Mudschaheddin angehörten und die von bin Laden unterstützt wurde – von der Macht ausgeschlossen blieb. Er kehrte für einige Zeit nach Saudi-Arabien zurück und zog dann in den Sudan, wo ein islamistisches Regime die Macht ergriffen hatte.

Doch der eigentliche Wendepunkt für bin Laden kam mit dem Golfkrieg. Zu Beginn der Besetzung Kuwaits durch Saddam Hussein hatte bin Laden noch vorgeschlagen, einen Dschihad gegen den Irak auszurufen, aber die saudische Regierung, die in ihm einen Störenfried sah, ließ sich nicht darauf ein. Bin Ladens Missbilligung der amerikanischen Intervention verwandelte sich in offene Feindschaft, als ein großes Kontingent von US-Soldaten auf saudi-arabischem Boden stationiert wurde. Seiner Meinung nach widersprach eine nichtmuslimische Militärpräsenz auf der Arabischen Halbinsel den strikten Lehren des wahhabitischen Islam. Daneben dürfte seine Erbitterung auch damit zu tun gehabt haben, dass die USA die afghanischen Mudschaheddin nach dem sowjetischen Rückzug sich selbst überlassen hatten.

Was immer die Quelle von bin Ladens persönlichem Widerwillen und seiner ideologischen Feindseligkeit gegenüber den Vereinigten Staaten gewesen sein mag, ihm stand ein wachsendes Reservoir antiamerikanischer Extremisten zur Verfügung, aus dem er seine Handlanger rekrutieren konnte. Durch das Ergebnis des Golfkriegs sahen viele einen gravierenden Widerspruch in der amerikanischen Außenpolitik bestätigt. Es schien offensichtlich, dass die USA nur deshalb eine große Koalition gegen den Irak mobilisiert hatten, um ihre eigenen Interessen zu verteidigen, vor allem, um den ungehinderten Fluss von Erdöl sicherzustellen. Die Behauptung der Amerikaner, es gehe um den Schutz der territorialen Integrität Kuwaits, wurde weithin als pure Heuchelei empfunden, zumal eine solche Aussage in Beziehung gesetzt wurde zu der bewussten Gleichgültigkeit der USA gegenüber der israelischen Besetzung der palästinensischen Gebiete. Diesen Kritikern lieferte die Entscheidung der Amerikaner, die Intervention nicht über Kuwait hinaus auszudehnen, ein weiteres Indiz für deren angeblich eigennützige und kurzsichtige Politik. Dadurch konnte Saddam Hussein die Revolten im Innern niederschlagen, während die Alliierten schwere Sanktionen gegen das Volk des Irak verhängten und das Land praktisch teilten, ohne jedoch Saddams Gewaltherrschaft anzutasten. Bin Ladens persönliche Odyssee bestärkte ihn in seiner antiamerikanischen Einstellung. 1994 erklärten die saudischen Behörden seinen Pass für ungültig und froren sein Vermögen ein. Zwei Jahre später nötigte Washington erfolgreich den Sudan, ihm den Unterschlupf zu verweigern, in den er sich bislang hatte zurückziehen können. Zuletzt suchte er gegen finanzielle und logistische Unterstützung Zuflucht bei den Taliban, die 1996 die Herrschaft über Kabul errungen hatten.

Die Taliban gehen auf dieselben Ursprünge zurück wie al-Qaida. Der wahhabitische Propagandafeldzug, der sich unter saudischer Schirmherrschaft mindestens zwei Jahrzehnte lang hingezogen hatte, war der wichtigste Grund für das Aufkommen der militanten Studentenbewegung, die schließlich die Kontrolle über Afghanistan übernahm. In den achtziger und neunziger Jahren leisteten die herrschenden Kreise Saudi-Arabiens umfassende Patronage und Missionsarbeit. Sie finanzierten den Bau neuer Gemeindemoscheen in Indonesien, auf den Philippinen, in Zentralasien und in Subsahara-Afrika, bildeten Schüler vieler Nationalitäten in subventionierten Seminaren aus, machten der Öffentlichkeit die wahhabitische Literatur zugänglich, ließen den Armen zinslose Unterstützung und Stipendien zukommen, förderten den Verkehr der Hadsch-Pilger und stärkten konservative Geistliche mit wahhabitischen Neigungen. Dadurch schuf das saudische Establishment ein solides und wachsendes Netzwerk, das nun das Antlitz des Islam in den Städten und Dörfern der muslimischen Welt verändert. Nicht geplant war jedoch, dass bin Laden hier einen fruchtbaren Boden finden würde, auf dem er Anhänger aus Pakistan und Südafghanistan, aus Zentralasien, Afrika und Südostasien sammeln konnte.

Die Taliban-Bewegung hatte ihren Ursprung unter den entwurzelten und benachteiligten Kindern der afghanischen Flüchtlinge, die in den mit privaten saudischen Mitteln finanzierten Koranschulen Pakistans ausgebildet wurden. Diese Seminaristen, ausgerüstet mit nicht viel mehr als wahhabitischer Inbrunst für den Dschihad, wurden unter der Federführung des pakistanischen Militärgeheimdienstes zu einer Kampftruppe organisiert. Das politische Vakuum, das sich durch den verheerenden afghanischen Bürgerkrieg bildete, schuf die Voraussetzung dafür, dass die Taliban schrittweise vorrücken und schließlich die Macht übernehmen konnten. Ihr Regime verkörperte all den neowahhabitischen Eifer, den man in den Schulen von Peschawar gepredigt hatte. Es ließ eine streng patriarchalische Ordnung wieder auferstehen, die gegenüber Frauen, vor allem weiblicher Präsenz im Arbeitsleben und in der Öffentlichkeit, zutiefst feindselig war. Die Taliban erlaubten die Verprügelung und sogar die Tötung von Frauen durch ihre männlichen Verwandten, machten die Gesichtsverschleierung obligatorisch und schlossen die meisten Mädchenschulen. Sie zeigten sich außergewöhnlich intolerant gegenüber Schiiten und anderen Minderheiten, löschten sogar die primitivsten Symbole der modernen Kultur aus und untergruben alle Menschen- und Persönlichkeitsrechte. Mit dem angeblichen Ziel, die Zersplitterung Afghanistans zu überwinden und den Bürgerkrieg zu beenden, verwandelten die Taliban das Land in eine elende Festung, deren Bewohner unter Hunger und Isolation litten.

In dem Jahr, in dem er in Afghanistan eintraf, erließ bin Laden ein Fatwa, das es für alle Muslime zur religiösen Pflicht erklärte, Amerikaner zu töten. Die Bombenanschläge auf die amerikanischen Botschaften in Nairobi und Daressalam von 1998 waren, soweit wir wissen, sein erster Versuch, den Erlass in die Praxis umzusetzen. Dies geschah zu einem Zeitpunkt, als der Zusammenschluss von al-Qaida mit dem ägyptischen Islamischen Dschihad – geführt von Aiman al-Sawahiri, der kurz zuvor die Ermordung von achtundfünfzig Touristen im ägyptischen Luxor gelenkt hatte – und anderen Organisationen bin Ladens Terrorismuspotenzial drastisch verstärkte. Die USA versuchten, ihn für die Anschläge auf die Botschaften zur Rechenschaft zu ziehen, indem sie seine Lager mit Raketen beschossen. Doch nachdem er unversehrt davongekommen war, stieg sein Selbstvertrauen umso mehr, und im Kreis seiner Anhänger verfestigte sich sein Ruf der Unbesiegbarkeit.

Für bin Laden und seine Komplizen von al-Qaida wurzelte der Terrorkrieg gegen die USA in der hehren Vergangenheit des Islam, sie verstanden ihre Aktionen als Teil eines Ringens, dem Gott den Sieg beschieden hatte. In diesem Zusammenhang war der Angriff auf Einrichtungen, welche die Wirtschafts- und Militärmacht Amerikas repräsentierten, ein weitgehend symbolischer Akt, der, wie die Attentäter hofften, ihre Feinde auf wunderbare Weise niederwerfen würde, genau wie die Ungläubigen zur Zeit des frühen Islam durch die Angriffe des Propheten auf ihre Karawanen schließlich überwältigt worden waren. Diese Theorie des brutalen und unterschiedslosen Terrors widerspricht zwar völlig der vorherrschenden Interpretation des Islam, doch fand sie eine kleine Gruppe fanatischer Anhänger, für die auch die Opferung des eigenen Lebens ein gangbarer Weg zur Erreichung ihrer Ziele war.

Aber in mancherlei Beziehung war bin Ladens apokalyptische Vision mit der Realität rückverbunden und orientierte sich am Rahmen des Machbaren. Seine Mitkämpfer und er waren Männer mit weltlichen Talenten, die sich der Methoden aus der modernen Geschäftswelt bedienten, um Umsätze zu erzeugen, in den Aktienmarkt zu investieren, eine disziplinierte Führung zu schaffen, Freiwillige zu werben, andere extremistische Gruppen zu übernehmen, neue Zellen zu organisieren und aufrechtzuerhalten, Befehle zu erteilen und durch ein Netz von halb autonomen Einheiten weltweit miteinander zu kommunizieren. Diese Mischung aus messianischen und pragmatischen Elementen erlaubte es al-Qaida, ihre Rhetorik auf die Bedürfnisse einer wachsenden Anhängerschaft zuzuschneiden und die Rekrutierungs- und Indoktrinationsarbeit in einem größeren Rahmen vorzunehmen.

Die große Mehrheit der Muslime billigt weder bin Ladens Terrorismus, noch teilt sie seinen Ehrgeiz, eine monolithische panislamische Ordnung zu errichten. Doch die Art und Weise, wie er Missstände und Symbole instrumentalisiert, bringt ihm unzweifelhaft Sympathien ein. Die Gegenüberstellung eines »heidnischen« Amerika und eines »wahren« Islam findet weithin und in unterschiedlichen Kreisen Anerkennung. Die afghanischen und pakistanischen Flüchtlingsjungen, die in den wahhabitischen Seminaren von Peschawar einer Gehirnwäsche unterzogen wurden und aus deren Reihen die Taliban (das Wort bedeutet »Schüler« oder »Studenten«) hervorgingen, liefern nur ein Beispiel. Ein anderes bietet die neue Generation der im Westen ausgebildeten Angehörigen der arabischen Mittelschicht, aus der die al-Qaida-Selbstmordzellen in Europa rekrutiert wurden.

In dem Testament Mohammed Attas, des ägyptischen Rädelsführers bei den Angriffen vom 11. September, ist der typisch zwanghafte Enthusiasmus eines wieder geborenen Muslims zu entdecken. Für die Terroranschläge, die er entschlossen und präzise verüben sollte, erwartete Atta jene himmlische Belohnung, die der Koran Märtyrern verspricht. Seine wörtliche Auslegung des heiligen Buches ist voll von sexuellen Andeutungen. Jedem seiner Komplizen verspricht er, »dass der Himmel auf dich wartet, dich erwartet und du dort ein besseres Leben führen wirst, und Engel rufen deinen Namen und tragen für dich ihre schönsten Kleider«. Das ist umso unglaublicher und grotesker, wenn man bedenkt, dass Atta an seinem letzten Wochenende eine Striptease-Bar in Florida besuchte. Wahrscheinlich betrachtete er die Nackttänzerinnen dieser Welt und träumte bereits von den Houris, den wunderschönen Jungfrauen, die der Mutigen und Tugendhaften im Paradies harren. Das sollte die Belohnung für sein Märtyrertum in der »Schlacht für Gott den Allmächtigen« sein, die er »im Geist der frommen Vorväter« führen wollte. Diese surreale Mischung aus Religiösem und Weltlichem, untermalt von zahlreichen Koranversen, enthüllt eine beunruhigende pseudomoderne Kruste über dem harten Kern des Extremismus.

Was bin Laden selbst betrifft, so trat er nach dem 11. September ins Rampenlicht, nachdem er seine Sache und sich selbst mit einer apokalyptischen Aura versehen hatte. In seiner vom Fernsehen gesendeten Ansprache vom 7. Oktober spielte er in Inhalt und Tonfall auf eine wirkungsmächtige Erzählung des Islam an. Vor allem, so sagte er, setze er sein ganzes Vertrauen in Gott, während er den Kampf eines wahren Gläubigen gegen die Ungläubigen führe. Dabei sei er sich des Lohnes gewiss, der ihm am Ende für sein Märtyrertum beschieden sei. Seine Rede vom bevorstehenden Sturz der »Heuchler«, also jener muslimischen Individuen und Regierungen, die seine Sache nicht unterstützen, und vom sicheren Sieg der Rechtschaffenen, die auf Pferderücken sitzen und mit Schwertern ausgerüstet sind – vermutlich im Gegensatz zu den hochmodernen Waffen seiner Feinde –, greift verschlüsselt die Geschichte des frühen Islam auf. In einem zeitgleichen Statement sprach bin Ladens Organisator al-Sawahiri von dem katastrophalen Verlust des muslimischen Spanien am Ende des fünfzehnten Jahrhunderts. Dadurch wollte er die Muslime ebenfalls an die großen Tage des Islam vor dessen Niederringung durch das Christentum erinnern und bin Ladens Vision einer glorreichen Vergangenheit ein weiteres Bild hinzufügen.

5.

Daran, dass die al-Qaida-Organisation erfolgreich eine breite Anhängerschaft jenseits ihres extremistischen Kerns anspricht, besteht kein Zweifel. Dafür hat sie unzählige Kommunikationswege gefunden, dank der globalen Medien und dank der Sorglosigkeit und Ignoranz der westlichen Nachrichtendienste und Sicherheitsapparate. Die Ungereimtheiten und Inkonsequenzen der amerikanischen Außenpolitik in der Region spielten al-Qaida dazu die passenden Propagandaargumente in die Hände, mit denen sich an die Frustration und den Zorn gewöhnlicher Muslime weltweit appellieren ließ.

Im Mittelpunkt des in der arabischen und islamischen Welt so verbreiteten Unmuts steht die israelische Politik gegenüber den Palästinensern in den besetzten Gebieten. Die Menschen werden heute durch die Medien gründlicher als je zuvor mit Nachrichten über die endlosen Zusammenstöße der Palästinenser mit den israelischen Sicherheitskräften versorgt. Hunderte von Millionen Araber – und zunehmend auch andere Muslime – erfahren auf diese Weise von den Steine werfenden Jugendlichen, die scharfen israelischen Kugeln ausgesetzt sind, von der Zerstörung palästinensischer Häuser, den Trauer- und Begräbnismärschen, den Straßensperren und erniedrigenden Kontrollen, der Absperrung der besetzten Gebiete, der strangulierten palästinensischen Wirtschaft, der wachsenden Armut und den heruntergekommenen Flüchtlingslagern. In scharfem Kontrast dazu zeigen sich die Bilder der gepflegten jüdischen Siedlungen, die auf enteigneten palästinensischen Plantagen gebaut wurden. Die herausfordernde Haltung der jüdischen Siedler, die Arroganz mancher israelischer Politiker, die Panzer, die Kampfhubschrauber und Düsenjäger, die nächtlichen Razzien, die Festnahmen und häufigen Menschenrechtsverletzungen – all das löst Wut und Frustration aus. Solche Bilder, die von den arabischen Sendern und in jüngerer Zeit von dem in Katar stationierten, weltweit sendenden Nachrichtenkanal al-Dschasira – dessen sich bin Laden selbst vorzugsweise bedient – gezeigt werden, vermischen sich immer häufiger mit Symbolen des islamischen Widerstandes: den Selbstmordkommandos der Hamas und des Islamischen Dschihad gegen israelische Ziele oder den hitzigen antiamerikanischen und antiisraelischen Predigten in den Freitagsgottesdiensten. Hinzu kommt massenweise gedrucktes islamisches Propagandamaterial mit antiamerikanischen und antizionistischen Inhalten, nicht selten begleitet von krassen antisemitischen Aussagen in arabischen Lehrbüchern.

Den autoritären Regimen der meisten arabischen Länder dienen antizionistische (und sogar antisemitische) Äußerungen als eine Art gesellschaftliches Überdruckventil. Dadurch gewinnt der symbolische Wert der palästinensischen Sache als mächtiger Ausdruck der arabischen Einheit mit zunehmend islamischer Färbung weiter an Bedeutung. Seit der Intifada von 1987 und dem Osloer Friedensabkommen von 1993 zielt die Stoßrichtung in der öffentlichen Meinung der arabischen Welt allerdings weniger gegen das Existenzrecht des Staates Israel schlechthin. Im Mittelpunkt steht vielmehr das Schicksal der Palästinenser in den besetzten Gebieten. Die arabischen Gewaltregime benutzen die scheinheilige Rhetorik der nationalen Sicherheit allerdings nach wie vor dazu, demokratische Entwicklungen in ihren eigenen Ländern zu verhindern. In einem derart repressiven Umfeld dient die Moschee oft als politisches Forum. Dort verblasst die Differenzierung zwischen der israelischen und der amerikanischen Politik. In der öffentlichen Meinung der arabischen Länder ist die Auffassung weit verbreitet, dass einzig und allein die jüdische Lobby in den USA die amerikanische Politik in der Region bestimme. Die US-Außenpolitik wird so gleichermaßen für das Verhalten der israelischen Besatzungsmacht den Palästinensern gegenüber verantwortlich gemacht.

Strenggläubige Muslime werfen Amerika ebenso vor, mit seinen »verderblichen Einflüssen« die »wahren« Tugenden islamischer Askese und Frömmigkeit zu untergraben. Solche Einflüsse werden in erster Linie mit den schlimmsten Klischees der amerikanischen Popkultur und des amerikanischen Lebensstils in Verbindung gebracht. Die weltweit verbreiteten Bilder von Promiskuität und prahlerischem Reichtum, von Kriminalität, Gewalt und Drogenmissbrauch, von Völlerei und Verschwendung heben sich in solchen fehlerhaften Wahrnehmungen scharf ab von den idealisierten islamischen Tugenden der moralischen Standhaftigkeit, der Selbstaufopferung, der Jenseitsorientierung, der Brüderlichkeit und der Gottesfürchtigkeit. Solche Gegensätze verkaufen die Extremisten mit Eifer und Geschick den schlecht informierten muslimischen Massen, die dank der Macht der elektronischen Medien heute mehr denn je visuellen Darstellungen vertrauen. Den muslimischen Zuschauern überall auf der Welt bieten diese überzogenen Kontraste eine trügerische Erleichterung, da sie die eigentliche Ursache für die Fehlfunktionen ihrer eigenen Regierungen und Gesellschaften zu erklären scheinen. Sie wirken umso suggestiver, als sie schlau mit dem Schicksal der Palästinenser unter israelischer Besatzung und dem Leiden des irakischen Volkes unter den durch die USA gestützten Sanktionen verknüpft werden. Außerdem erinnert man die Muslime ständig an die »Schändung« der heiligen Gebiete des Islam durch die Anwesenheit amerikanischer Soldaten in Saudi-Arabien.

Bin Laden versteht sich meisterhaft darauf, sich solcher symbolischen Bilder zu bedienen. Die USA und ihre westlichen Verbündeten versuchen, die Welt – und besonders die muslimischen Völker – davon zu überzeugen, dass der Feldzug gegen bin Laden und al-Qaida nicht gegen den Islam, sondern gegen den Terrorismus gerichtet sei. In den Köpfen vieler Muslime aber hat diese Unterscheidung nur wenig Gewicht, solange bin Laden, »tot oder lebendig«, derart wirksame Propagandawaffen zur Verfügung stehen. Es geht nicht nur um die Gefahr, dass er oder Menschen wie er einen Religionskrieg zwischen dem Islam und dem Westen proklamieren. Genauso bedeutsam ist die Möglichkeit, dass sie innerhalb der muslimischen Welt einen Konflikt zwischen dem militanten, neowahhabitischen Islam und den zurückweichenden, verängstigten Kräften der Mäßigung und Toleranz auslösen. Ein großer Teil seiner Anhängerschaft sieht in bin Laden einen messianischen Propheten. Und wenn er für seine Sache getötet wird, dürfte er in ihren Augen einen Märtyrertod sterben. Der Militäreinsatz, der am 7. Oktober begann, wird sich weniger an seinem unmittelbaren operativen Erfolg messen lassen müssen als vielmehr an seinen langfristigen und weit reichenden Konsequenzen. Wenn Zivilisten in Mitleidenschaft gezogen werden, die Region destabilisiert, der Extremismus gefördert und die öffentliche Meinung in der islamischen Welt polarisiert wird, muss die Operation als Fehlschlag eingeschätzt werden. Die USA haben so viele schmerzliche Erinnerungen an Luftangriffe und ihre Folgen in Vietnam, Kambodscha und im Irak, dass man diesen Militäreinsatz voller Skepsis betrachten muss. Er ist nur dann gerechtfertigt, wenn es gelingt, bin Laden und seine Terrororganisation auszuschalten und wenn danach, was genauso wichtig ist, aufrichtige Bemühungen folgen, die akuten Probleme in der Region zu bewältigen. Es gilt also, eine dauerhafte und umfassende Lösung für das politische Vakuum zu finden, das sich sehr bald in Afghanistan herausbilden wird, und das Elend der Menschen in einem Land zu lindern, das seit zwei Jahrzehnten ein Spielball in den Händen der Supermächte und einheimischer Kriegsherren und Fanatiker ist.

In einem breiteren Rahmen – und auf lange Sicht – kommen die USA und ihre westlichen Verbündeten nicht umhin, ihre Gesamtpolitik gegenüber dem Nahen Osten und der ganzen muslimischen Welt in all ihrer kulturellen Vielfalt zu überdenken. Es wäre höchst unklug, wenn nicht verantwortungslos, den Nahen Osten und die benachbarten muslimischen Länder (mit einer Bevölkerung von einer halben Milliarde Menschen) bloß unter dem Gesichtspunkt ihrer Rohstoffreserven und ihres strategischen Wertes zu betrachten. Als einzige verbliebene Supermacht und als direkter Nutznießer dieser Reserven dürfen die USA ihre Verantwortung für das Wohlergehen dieser Region nicht außer Acht lassen. Die Erfahrungen der letzten fünfzig Jahre zeigen, dass die tief greifenden Probleme, die der 11. September so krass offenbart hat, nicht allein durch den Einsatz militärischer Gewalt, durch eigennützige Diplomatie und die Unterstützung prowestlicher tyrannischer Regime gelöst werden können. Schon der Verwundbarkeit wegen, die Amerika als einer offenen Gesellschaft eigen ist, kann es sich die US-Politik nicht erlauben, in einem langwierigen und erhitzten Konflikt auf Kosten der einen Seite unfair Partei für die andere zu ergreifen. Außerdem stehen die ureigenen amerikanischen Prinzipien der Freiheit, der Volksvertretung und der Garantie von Menschen- und Bürgerrechten in offensichtlichem Gegensatz zu einer Außenpolitik, die Unterdrückung und Konflikte fortbestehen lässt. Eine solche Politik treibt dem islamischen Extremismus nur noch mehr Anhänger zu und verursacht weitere Gewaltakte.

Sosehr die Experten auf dem Gebiet der nationalen Sicherheit auch danach verlangen, die Mauern der Sicherheitspolitik zu erhöhen, ist es doch unrealistisch zu glauben, dass das globale Problem von Terrorismus und Extremismus durch die Errichtung einer »Festung Amerika« bekämpft werden kann. Profitieren werden die USA nur davon, dass sie die Sache der Demokratie und der offenen Gesellschaft in der muslimischen Welt fördern und die Stimmen der Mäßigung, der religiösen Toleranz und der Menschenrechte unterstützen, zumindest in den Ländern, in denen sie noch über Einfluss verfügen. Das stetige und besonnene Engagement für demokratische Institutionen, durch das sich Liberalisierungsprozesse von innen herausbilden können, ohne die Stabilität der Gesellschaften zu gefährden – das ist der Parameter, auf dessen Grundlage die vitalen Interessen Amerikas geschützt werden können. Wenn sich die USA und ihre westlichen Verbündeten dagegen weiterhin an überholte Sicherheitsmodelle klammern und ohne Augenmaß zu militärischen Mitteln greifen, werden sie wahrscheinlich teuer für einen undemokratischen, instabilen und verarmten Nahen Osten bezahlen müssen, der von religiösem Fanatismus, Territorialkonflikten und der Gewalt der Verzweifelten gepeinigt wird.

Die Entwicklung in den Gesellschaften des Nahen Ostens ist nicht so hoffnungslos, wie es den Anschein haben mag. Es gibt Stimmen, die für Koexistenz, Toleranz und Verständnis werben. Manche befürworten eine Weltordnung, die sich auf Integration, Zusammenarbeit und Freundschaft stützt. Wer Zeichen der Hoffnung sucht, braucht nur einen Blick auf den heutigen Iran zu werfen – zwanzig Jahre nach einer Revolution, die ein repressives islamisches Regime hervorbrachte. Auch wenn religiöse Indoktrination und der Druck zu gesellschaftlicher Konformität noch immer bestehen, sind demokratische Experimente doch nicht mehr undenkbar. Die Rufe nach einer offenen Gesellschaft, nach Koexistenz und Rechtsstaatlichkeit sind lauter denn je. Und trotz der vom Regime geförderten Parolen wie »Tod den USA« war der Wunsch, mehr über den Westen und über Amerika zu erfahren, nie größer. Dies sind Perspektiven, die nicht außer Acht gelassen werden sollten, während man auf die Terroranschläge reagiert und die Täter zur Rechenschaft zieht.

Die Bewahrung der amerikanischen Macht

Paul Kennedy

Die Terroranschläge des 11. September hatten eine derart zerstörerische Wirkung auf Leben, Eigentum und Stolz der Amerikaner, dass es nicht verwundern konnte, wenn sich diese Nation in dem Bemühen, dem Geschehenen einen Sinn abzugewinnen, sogleich der Geschichte, der Literatur und der religiösen Überlieferung zuwandte. Verweise auf Pearl Harbor oder die Luftangriffe auf London im Zweiten Weltkrieg, Zitate aus den Reden Churchills, Verse von Walt Whitman und W. H. Auden und Gedanken über gerechte und ungerechte Kriege – sie alle waren Teil der Anstrengung des Landes zu verstehen, was eigentlich geschehen war, der erste und notwendige Schritt, um die Wunden verheilen zu lassen.

Kurz nach den Anschlägen erinnerte ich mich an ein bittersüßes Gedicht, das Rudyard Kipling vor hundert Jahren geschrieben hatte, als das britische Weltreich, damals auf dem Höhepunkt seiner Macht, in Südafrika von einem relativ kleinen Haufen irregulärer Afrikaandertruppen gedemütigt und blutig geschlagen wurde. Die hochmütigen Engländer sahen in ihren Gegnern schmutzige, unrasierte Bauern, die dem spätviktorianischen »Fortschritt« und dem Trend zu einer, wie wir heute sagen würden, Globalisierung erbitterten Widerstand entgegensetzten: der zunehmenden Verflechtung einzelner Volkswirtschaften und Gesellschaften durch neue Kommunikationsmittel, neue Handels- und Investitionsmethoden, einen allgemeinen Kulturtransfer und die Zerrüttung traditioneller regionaler Lebensformen angesichts mächtiger ökonomischer Kräfte von außen. Vor hundert Jahren war der Einfluss der City of London – genauer gesagt des globalen kapitalistischen Systems, dessen unbestrittenes Zentrum London war –, geschützt durch die weltweite Präsenz der britischen Militärmacht auf dem Land und zur See, bei den zutiefst puritanischen burischen Farmern ebenso verhasst wie die Dominanz der Wall Street und des Pentagons bei den fanatischen Muslimen von heute.

Den Briten fiel es leicht, mit Geringschätzung auf die Rückständigkeit und die religiöse Engstirnigkeit der Afrikaander herabzublicken, doch weit weniger leicht war es für sie, deren mobile Kommandos aufzureiben oder ihre Führer zu töten. Tatsächlich benötigten mehr als dreihunderttausend Soldaten des Empires drei Jahre, um die Oberhand zu gewinnen, und bezeichnenderweise hatte das ganze Unternehmen auf die britische Gesellschaft, Politik und Strategie eine reinigende Wirkung. »Unsere Lehrstunde ist noch nicht zu Ende«, heißt es in Kiplings Gedicht. Das britische Militär war für einen Guerillakrieg nur schlecht gerüstet; es war auf das Zusammentreffen europäischer Heere nach klassischem Muster oder auf Selbstmordangriffe von Derwischen gegen ihre Maschinengewehre vorbereitet. Eine Feindaufklärung gab es nicht. Mit Mobilität und Logistik war es nicht weit her, wenn die britischen Truppen erst einmal ihre Stellungen eingenommen hatten. Darüber hinaus war die Wirtschaft angeschlagen. Der Gesundungsprozess gestaltete sich schmerzhaft und führte zu einer Menge unangenehmer Fragen, im Laufe der Zeit aber auch zu Reformen in Militär und Verwaltung.

Die Geschichte kennt zahlreiche Beispiele für wohl etablierte Staaten, die einen furchtbaren Schlag hinnehmen mussten, danach jedoch alle Anstrengungen unternahmen, um sich von den Verletzungen zu erholen. In der Schlacht bei Jena und Auerstädt 1806 wurde Preußen von den Divisionen Napoleons in die Knie gezwungen. Italien war wie gelähmt, als sein großes Heer 1896 in Adua auf den kargen Ebenen Äthiopiens von den Abessiniern vernichtend geschlagen wurde. Ein Jahrzehnt später wurden Russlands

Schiffe durch Japan von der Meeresoberfläche gewischt. Bis dahin war es unvorstellbar gewesen, dass Nichteuropäer »zivilisierten« europäischen Mächten derartige Niederlagen beibringen könnten.

In allen diesen Fällen folgten auf das anfängliche Schockerlebnis ernsthafte und häufig qualvolle Debatten – »Was haben wir falsch gemacht?« oder »Wer war schuld?«. Später setzten Bemühungen mit dem Ziel ein, die Wiederholung eines solchen Debakels für alle Zeiten zu verhindern. Die Beschäftigung mit den zugefügten Wunden wurde.abgelöst durch politische Maßnahmen zur Regeneration, und zwar nicht nur auf militärischem Sektor. So reichte beispielsweise die Bandbreite der Veränderungen, die in England nach dem Burenkrieg durchgesetzt wurden, von Maßnahmen innerhalb der Streitkräfte (wie der Verbesserung von Ausbildung, Operationsführung und Aufklärung) über Bildungsreformen bis hin zu Effizienzsteigerungen in der Wirtschaft und verstärkten Investitionen in technologische Entwicklungen. Die Stein-Hardenbergschen Reformen in Preußen waren ebenso weitreichend und zielstrebig. Italien dagegen war nach der Niederlage von Adua unfähig zur Reformpolitik, und der Verlust, den das zaristische Russland durch Japan erlitten hatte, war lediglich der Vorbote seines äußeren und inneren Zusammenbruchs im Jahr 1917.

An solche positiven und negativen Beispiele sollten wir denken, während die Vereinigten Staaten an ihren eigenen Antworten auf die Erschütterung des 11. September arbeiten. Es steht außer Zweifel, dass die Terroranschläge nicht nur zu kurzfristigen militärischen Reaktionen gegen die Täter geführt haben, sondern auch zu einer Überprüfung vieler Aspekte des *American way of life*, der amerikanischen Außenpolitik und der Quellen der amerikanischen Macht überhaupt. Die Vereinigten Staaten werden in vielerlei Hinsicht umzudenken und ihr Verhalten zu ändern haben, und dieser Wandel wird von oben – vom Präsidenten und vom Kongress

– in die Wege geleitet werden müssen. Unsere Politikfähigkeit wird dabei in einem Maße auf die Probe gestellt werden, wie wir es seit 1941 nicht mehr erlebt haben.

Da die Vereinigten Staaten überdies neben dem Kampf gegen den Terrorismus auch noch viele andere, seit langem bestehende Interessen in der Weltpolitik zu vertreten haben, werden sie sich gezwungen sehen, Prioritäten zu setzen. So werden die US-Streitkräfte zwar verstärkt den Kampf gegen die Osama bin Ladens dieser Welt führen müssen, weiterhin werden sie jedoch auch noch dafür bereitstehen, gegebenenfalls Südkorea gegen eine Großinvasion aus dem Norden zu verteidigen. Andererseits werden etliche militärische Verpflichtungen der USA mehr oder weniger weitgehend reduziert werden müssen, auch wenn sich dagegen zwangsläufig im eigenen Land und im Ausland Protest regen sollte. Verstärkte diplomatische und politische Anstrengungen in Zentralasien und am Persischen Golf werden unweigerlich dazu führen, dass Lateinamerika und Afrika zurückstehen müssen. Regieren heißt, sich zwischen Alternativen zu entscheiden. Und Großmächte müssen von jeher ihre Entscheidungen gegeneinander abwägen.

Im Kern dieser Strategie steht das Bestreben, die Macht Amerikas in der unruhigen, unberechenbaren Welt des beginnenden einundzwanzigsten Jahrhunderts langfristig zu sichern. Auf den ersten Blick sind die Voraussetzungen für die Erhaltung dieser Machtstellung beeindruckend – vielleicht auf trügerische Weise. Während in den USA weniger als fünf Prozent der Weltbevölkerung leben, wird hier ein knappes Drittel der gesamten Weltproduktion erzeugt. Das ist ein bedeutender Zuwachs seit dem Beginn der neunziger Jahre des letzten Jahrhunderts, bedingt durch die Stagnation und den Rückgang der japanischen Wirtschaft und den Kollaps des Sowjetimperiums, und ein wichtiger Indikator für die langfristige Stärke Amerikas, vorausgesetzt, dass dieser Produktionsanteil behauptet werden kann.

Noch augenfälliger ist die militärische Macht der Vereinigten Staaten. An der Schwelle zum einundzwanzigsten Jahrhundert gibt es auf der Welt ein einzelnes Land – ironischerweise eine demokratische Republik, die einer starken Regierung misstraut –, auf das über ein Drittel der Verteidigungsausgaben aller hundertneunzig Länder unseres Planeten überhaupt entfallen. Die Luftangriffe gegen die Taliban mit B-1- und B-52-Bombern, die Verlegung von Flugzeugträgern in den Indischen Ozean, die Entsendung von Spezialeinheiten nach Zentralasien, die hoch entwickelten Netze der Satellitenaufklärung und der elektronischen Nachrichtensammlung lassen vermuten, dass das Geld nicht unnütz ausgegeben wurde. Und doch ist es eine Unmenge Geld. Das Budget des Pentagons für das Jahr 2000 war so hoch wie die gesamten Verteidigungsausgaben der neun nach den USA größten Militärmächte zusammen. In der gesamten bisherigen Menschheitsgeschichte gab es kein Beispiel für eine solch disproportionale Verteilung, nicht einmal im Falle des antiken Römischen Reiches.

Aber die strategische Macht der Vereinigten Staaten ist sogar noch größer, als sich aus diesen Zahlen ergibt, denn sie ruht auf einem unvergleichlichen technisch-wissenschaftlichen Fundament. Gut 40 Prozent des gesamten Internetverkehrs spielen sich in den USA ab, und knapp drei Viertel aller neueren Nobelpreisträger arbeiten an Universitäten und in Laboratorien der Vereinigten Staaten. Viele dieser Wissenschaftler von Weltrang führen nicht nur Experimente durch und machen Entdeckungen, sie bilden auch zukünftige Wissenschaftler aus und reproduzieren auf diese Weise eine der wichtigsten Quellen der amerikanischen Stärke und Wettbewerbsfähigkeit.

Kurzum, die Vereinigten Staaten verfügen über die notwendigen materiellen und militärischen Ressourcen, um ihre Macht gegenüber jedem anderen Staat oder auch einem Staatenbündnis zu behaupten, vorausgesetzt, sie gehen mit diesen Ressourcen vernünftig um und setzen sie gegen andere Nationen in der traditionellen Weise ein. In der Tat – wenn die Stärke Amerikas *heute* nicht ausreichen sollte, um feindliche Länder zu besiegen, dann wird sie es wahrscheinlich niemals tun. Außerdem sind die Vereinigten Staaten viel stabiler, als etwa das Spanische Reich oder das spätviktorianische England es zu ihrer Zeit waren, die in wirtschaftlicher und technischer Hinsicht bereits ins Hintertreffen gerieten, während sie noch auf zahlreichen Kriegsschauplätzen die Macht ihrer Armeen und Flotten ausspielten. Vor fünfzehn oder zwanzig Jahren mochte es so scheinen, als gerieten auch die USA ins Wanken, doch der Zusammenbruch der Sowjetunion, die wirtschaftliche Schwächung Japans und die erstaunliche Erholung der industriellen Wettbewerbsfähigkeit der USA haben diese beunruhigenden Trends umgekehrt. Heute scheint die Weltstellung der USA kaum noch in Zweifel zu stehen.

Doch der wunde Punkt einer solchen Schlussfolgerung ist ihre Voraussetzung: die Annahme, dass das Wesen der Macht selbst sich seit den Tagen Roosevelts und Churchills nicht verändert habe. Die Reflexion über die Bedeutung der Anschläge bin Ladens führt indes zu einem weniger beruhigenden Ergebnis: Möglicherweise ist den Bedrohungen von heute weitaus schwieriger zu begegnen, gerade weil Stärke und Macht und Bedrohung wesentlich diffuser geworden sind. Was geeignet war, um die spanische Armada oder Hitlers Panzerkolonnen zu besiegen, erweist sich vielleicht als weniger wirksam gegen einen amöbenartigen Feind, der von innen heraus angreift, mit nichtmilitärischen Mitteln und in einer dezentralisierten und schattenhaften Form. Will Amerika eine Strategie für den Kampf gegen einen solchen Feind formulieren, so werden viele unserer bisherigen Annahmen und Vorkehrungen in Zweifel zu ziehen sein.

Doch selbst mit dieser Erkenntnis ist man noch nicht beim eigentlichen Dilemma angelangt: Es wird den Vereinigten Staaten nicht möglich sein, eine Großstrategie zu verfolgen, deren einziger Zweck darin bestünde, dem Terrorismus gegenüber die Oberhand zu behalten. Vielmehr werden die USA gleichzeitig an vielen ihrer bisherigen politischen und militärischen Ziele festhalten müssen, die nicht deshalb einfach verschwunden sind, weil bin Laden auf unseren Bildschirmen aufgetaucht ist. Amerika braucht demnach wahrscheinlich eine zweigleisige Strategie, eine Politik auf zwei Ebenen – ein Alptraum für jeden Strategen, der an die Gefahr denken muss, dass sich die einzelnen Ziele und Maßnahmen gegenseitig widersprechen. Und die US-Regierung kann sich wiederholt gezwungen sehen, mitten im Strom die Pferde zu wechseln – am einen Tag der Terrorgefahr und am anderen einer Bedrohung traditioneller Art, etwa in der Formosastraße, oder beidem zugleich zu begegnen. Unserem strategischen Urteil werden sich Anforderungen stellen, die selbst das Genie eines Bismarck in Verlegenheit gebracht hätten.

I.

Von den Elementen der gegenwärtigen und zukünftigen amerikanischen Macht bilden die Streitkräfte des Landes und seine militärische Stärke offenbar jenes, das am leichtesten aufrechterhalten werden kann. Die rüstungsindustrielle Basis dieser Macht ist wesentlich größer als die jedes anderen Landes und sogar der europäischen Länder zusammen.

Amerika verfügt über militärische Möglichkeiten – globale Kommando- und Kontrollsysteme, seegestützte Atomraketen, Langstreckenluftbrücken, auf Flugzeugträgern stationierte Sonderkommandos, »intelligente« Waffen –, die kein anderes Land besitzt und die wahrscheinlich zu komplex und zu teuer sind, zumindest für die nächsten zehn Jahre, um in die Hände eines rivalisierenden Staates zu gelangen. Solange der US-Kongress bereit ist, dem Pentagon jährlich dreihundert Milliarden Dollar oder mehr für Militärausgaben zu bewilligen, dürfte Amerika während der kommenden Generation oder noch länger von keiner einzelnen aufstrebenden

Großmacht herausgefordert werden – so wie Großbritannien nach 1815 in seiner imperialen Stellung unangefochten war. In der entfernteren Zukunft, sagen wir in dem Jahrzehnt nach 2020 oder 2030, kann sich dies wandeln, je nachdem, wie sich die Produktionsniveaus auf der Welt verändern. Doch das ist eine Frage der wirtschaftlichen Leistungsfähigkeit und nicht der relativen militärischen Stärke.

Wenn es in der gegenwärtigen militärischen Stellung Amerikas Schwachpunkte geben sollte, dann liegen sie wahrscheinlich nicht in der Gesamtheit der Budgets und der materiellen Ausrüstung, sondern in subtileren Faktoren: im unkontrollierten Wuchern militärischer Macht andernorts, im psychologischen Bereich und vor allen Dingen im Aufkommen eines nicht zu unterschätzenden, hochgradig professionellen Terrorismus.

Der erste Trend ist die anhaltende Verbreitung bestimmter Waffensysteme in den aufstrebenden Staaten Asiens, vor allem China und Indien und vielleicht auch dem Iran. Hier soll nicht behauptet werden, dass eine dieser Nationen sich auf ein direktes und teures Wettrüsten mit den USA einlassen wird, etwa nach dem Vorbild des tirpitzschen Flottenbauprogramms in den Jahren vor 1914, mit dem das deutsche Kaiserreich die Royal Navy herausfordern wollte. Diesen Nationen fehlen nicht nur die hierfür erforderlichen finanziellen Mittel, es wäre für sie einfach nicht notwendig, über zahlenmäßig starke Streitkräfte zu verfügen, um ihren eigenen strategischen Raum zu schaffen und die militärische Präsenz der Amerikaner auf Distanz von den eigenen Küsten zu halten. Mit Mittelstreckenraketen, die vom Boden oder aus der Luft abgeschossen werden können, mit ihren eigenen Nuklearsprengköpfen und mit einer wachsenden U-Boot-Flotte würden sie jedem amerikanischen Admiral Bauchschmerzen bereiten, der seine Flugzeugträger in die Nähe der Formosastraße oder des Persischen Golfs kommandieren wollte. Es ist schließlich die klassische Kriegslist der schwächeren Macht,

Waffensysteme zu entwickeln, die sich eine Achillesferse des Gegners zunutze machen, und es wäre verwunderlich, wenn die aufstrebenden asiatischen Staaten nicht nach derselben Methode vorgingen.

Der zweite Schwachpunkt ist die fehlende Bereitschaft der amerikanischen Demokratie, Jahr für Jahr, Jahrzehnt für Jahrzehnt hohe oder auch nur mäßige militärische Verluste zu akzeptieren. Viel hängt natürlich davon ab, welcher Art die kriegerischen Konflikte sind, mit denen sich die Vereinigten Staaten in Zukunft konfrontiert sehen. Der Öffentlichkeit wäre es am liebsten, wenn die Kampfhandlungen ähnlich verlaufen würden wie im Golfkrieg 1991 oder in den ersten Phasen des Krieges gegen die Taliban; wenn der Krieg also aus der Entfernung geführt würde, hauptsächlich aus der Luft und viel weniger vom Boden aus, mit einer totalen Kontrolle der Kommunikationsnetze und mit unglaublich geringen Verlusten auf amerikanischer Seite. Das ist ein verständlicher Wunsch, aber wie realistisch ist er gegenüber einem nebelhaften und gelegentlich selbstmörderischen Feind, der sein Lager in unwirtlichem Terrain aufgeschlagen hat und weit weniger von einer modernen Infrastruktur abhängig ist, um sich zu versorgen? Niemand bezweifelt, dass die amerikanische Öffentlichkeit – wie in den Jahren von 1941 bis 1945 – unnachgiebig für den Sieg eintreten würde, wenn sie davon überzeugt wäre, dass es um ihr nationales Überleben geht. Aber würde dieses amerikanische Gemeinwesen die gleiche Entschlossenheit zeigen, wenn es Jahr für Jahr Truppen für halb kriegerische, halb im Kolonialstil friedenssichernde Operationen stationieren und Woche für Woche erfahren müsste, dass hier ein Infanterist und da ein Angehöriger des Marine Corps Fanatikern zum Opfer gefallen ist, denen das eigene Leben kaum etwas bedeutet? Vietnam und Somalia werfen noch immer ihre Schatten auf das Problem des Einsatzes von Bodentruppen im Ausland.

Beide Schwachstellen sind unter Sicherheitsexperten in den

Jahren nach 1990 erörtert worden, und immer wieder wurde dabei der Ruf nach neuen Militärdoktrinen laut – ohne dass dies bei den Streitkräften erkennbar auf Resonanz gestoßen wäre. Doch die dritte Herausforderung der Sicherheit und Zukunft Amerikas, die eines »professionellen« Terrorismus, wie wir ihn am 11. September erleben mussten, stellt uns vor Anforderungen einer völlig anderen Kategorie. Die Attentäter waren keine Buren, die ihren Kampf in einem anderen Land austrugen, sondern geschickte Eindringlinge, die sich für ihren Anschlag amerikanischer Werkzeuge bedienten und vom Inneren der USA selbst aus operierten. Die Koordination der Anschläge war erschreckend perfekt, wenn man bedenkt, welch komplexe Logistik dafür notwendig war, und die Symbolik der zerstörten oder beschädigten Gebäude hätte nicht bestechender sein können. Hier ist eine Schwäche in unserer Verteidigung sichtbar geworden, die auf eine unserer sozialen Stärken zurückzuführen ist, auf die Durchlässigkeit der amerikanischen Grenzen und die Mobilität und Offenheit Amerikas überhaupt. Dieses Problem ist in der Tat so weitreichend, dass selbst die Expertenrunden, die unser Augenmerk auf die offenen Flanken im eigenen Land gelenkt haben, nur andeuten können, was sich in Zukunft an entsetzlichen Eventualitäten ereignen könnte. Der Hart-Rudman-Ausschuss, der erst im März 2001 seinen Abschlussbericht vorgelegt hatte, verwies düster und prophetisch auf eine unruhige Zukunft. Zu den denkbaren Szenarien gehören der Einsatz kleiner, tragbarer Atombomben, biologische und chemische Kriegführung, Cyberterrorismus, Sprengstoffanschläge von Selbstmördern in Eisenbahnzügen oder Synagogen. Selbst wiederholte falsche Alarme, die solche Gefahren vorspiegeln, können den Reiseverkehr lähmen, der Wirtschaft Schäden zufügen, das Vertrauen erschüttern und Angst verbreiten. Auf diese Weise lässt sich die amerikanische und die westliche Lebensweise überhaupt durchdringen und schwächen, ohne dass es eine Rolle spielt, über wie viele Überschallbomber wir verfügen. Alle diese Gefahren stehen, mit anderen Worten, zu unseren gegenwärtigen Verteidigungsstrukturen in einem asymmetrischen Verhältnis.

Zweifellos sind das Pentagon, das Außenministerium, der Nationale Sicherheitsrat und überhaupt sämtliche Behörden, die das nationale Verteidigungssystem der USA bilden, intensiv darum bemüht, diese Asymmetrie zu verringern, was besonders deutlich an der Schaffung eines völlig neuartigen Amtes für innere Sicherheit sichtbar wird. Diese Aufgabe wird so langwierig, so vielschichtig und so herausfordernd sein wie die Prüfung, der die politischen Entscheidungsträger in den USA nach 1945 ausgesetzt waren, als sie eine völlig neuartige Strategie für den sich abzeichnenden Kalten Krieg entwickeln mussten und als auch für sie ein Ende dieses ungewohnten Konfliktes nicht abzusehen war. Trotzdem besteht hier ein qualitativer Unterschied. Amerika übernahm in den Jahrzehnten nach dem Zweiten Weltkrieg viele alte und neue Verpflichtungen, doch alle waren dem *einen* Ziel untergeordnet, der kommunistischen Bedrohung zu begegnen. Heute können sich die USA den Luxus nicht erlauben, ihre gesamte Aufmerksamkeit und ihre ganzen Ressourcen allein darauf zu konzentrieren, »die Terroristen zu schlagen«; für die Weltmacht Nummer eins gibt es noch zahlreiche weitere Aufgaben.

2.

Das zweite und nicht minder bedeutsame Element einer Strategie zur langfristigen Behauptung der Stellung Amerikas in der Welt ist sein anhaltendes wirtschaftliche Wachstum, sowohl in absoluten Zahlen als auch im Vergleich zu anderen Ländern. Beides ist wesentlich. Erstens ist ein Wirtschaftswachstum in absoluten Zahlen eine unerlässliche Bedingung. Ungeachtet der plakativen Forderungen mancher amerikanischer Politiker nach einer »Verschlankung« der Regierung verweisen viele Entwicklungen in der amerikanischen Gesell-

schaft auf die Notwendigkeit höherer Staatsausgaben und
vielleicht sogar einer Ausweitung der staatlichen Aufgaben
überhaupt. Die zunehmende Überalterung der Bevölkerung,
die unaufhaltsam steigenden Kosten im Gesundheitswesen,
die Notwendigkeit nachhaltiger Investitionen in das Bil-
dungswesen, die Infrastruktur und den Umweltschutz, die finanziellen Bedürfnisse einer Vielzahl von Institutionen, die
äußeren Zielen dienen – Verteidigung, Außenpolitik, Geheimdienste, Auslandshilfe, internationale Organisationen –,
zusammen mit den neu auf uns zukommenden Kosten für die
Sicherheit des eigenen Landes, das alles wird in den Jahren,
die vor uns liegen, den Staatshaushalt schwer belasten. Wenn
der Kuchen der amerikanischen Wirtschaft nicht größer oder
im Gegenteil sogar kleiner werden sollte, wird es wesentlich
schwieriger werden, die neuen finanziellen Lasten zu tragen,
als wenn das Bruttoinlandsprodukt ständig zunimmt. Eine
Wirtschaft, die mit Sicherheitsrisiken, allgemeinem Vertrau-
ensschwund, sinkenden Kapitalinvestitionen und höheren
Steuerlasten zu kämpfen hat, bietet unter strategischen Ge-
sichtspunkten düstere Aussichten.

Doch die Behauptung der *relativen* wirtschaftlichen Stellung der USA, also im Vergleich zu anderen Ländern, ist
sogar noch wichtiger als die Vermehrung des Reichtums in
absoluten Zahlen. In diesem Land gibt es heute unter den
Ökonomen Befürworter einer freien Marktwirtschaft, die ver-
künden, je mehr die übrige Welt unsere Lebensweise über-
nehme und einen vergleichbaren Lebensstandard erreiche,
desto besser sei es für die Menschheit insgesamt. Das mag
theoretisch der Fall sein. Doch Strategen und Historiker
könnten Einwände dagegen erheben. Im Lauf der Zeit nämlich werden umfassende Veränderungen in der relativen Pro-
duktionskapazität von Nationalstaaten zu Veränderungen
ihrer relativen Machtposition führen. Schließlich sind die
Vereinigten Staaten seit mindestens einem Jahrhundert der
mustergültige Beweis für diese Behauptung. Hätten sich die

USA nicht aus einer Ansammlung karger, schwer erkämpfter kolonialer Vorposten zu einem Agrar- und Handelsstaat entwickelt, um schließlich zum weltweit größten Industrieproduzenten zu werden und ihren jetzigen Status als hochtechnisierte und finanzstärkste Supermacht zu erringen, dann hätten sie dieses ökonomische Potenzial nicht für ihre strategischen und politischen Ziele bei der Niederschlagung der jeweiligen Gegner einsetzen können: des wilhelminischen Deutschland, der Achsenmächte im Zweiten Weltkrieg oder Saddam Husseins. Im Dezember 1941 beging das kaiserliche Japan den Fehler, eine Nation anzugreifen, deren Bruttoinlandsprodukt zehnmal so groß wie das japanische war. Als das Deutsche Reich wenige Tage später den USA den Krieg erklärte, betrug seine Produktionsleistung etwa ein Drittel der amerikanischen Kapazität. Wir mögen uns dankbar unserer im Zweiten Weltkrieg gefallenen Söhne erinnern und die Akte individueller Tapferkeit anerkennen. Gleichwohl wird man nicht um die nüchterne Feststellung herumkommen, dass die Vereinigten Staaten den Krieg in erster Linie deshalb gewonnen haben, weil ihre Wirtschaft in der Lage war, im Jahre 1944 etwa vierundneunzigtausend Flugzeuge zu bauen und dreißig Flugzeugträger vom Stapel zu lassen. Dagegen kam kein anderes Land an.

In dieser unsentimentalen strategischen Perspektive stellen die sich beschleunigenden Kräfte der Modernisierung und Globalisierung, die von Amerika angeregt werden, ein zweischneidiges Schwert dar, und zwar in einem Maße, das bislang weder von den Politikern in Washington noch von der breiten amerikanischen Öffentlichkeit wirklich erkannt worden ist. Die Wortführer der Globalisierung gehen von der Annahme aus, dass die gegenseitige Verflechtung von Völkern und Märkten a priori etwas Gutes sei. Sie sehen in der Senkung physischer und wirtschaftlicher Barrieren zwischen einzelnen Ländern und der zunehmenden Verschmelzung der gesellschaftlichen Sphären einen wohltätigen und für alle Beteiligten begrüßenswerten Prozess. Als im achtzehnten Jahrhundert Lancashire seine Textilien nach Portugal exportierte und Portugal dafür seinen Portwein an England verkaufte, war das nicht eine wunderbare Sache? Und wenn im einundzwanzigsten Jahrhundert Arabien sein Erdöl in die USA exportiert und dafür von dort Waffen bezieht, dann ist doch alles in Ordnung, oder?

Leider gibt es einige Probleme, die dieses verheißungsvolle Bild einer weltweit immer stärker integrierten Wirtschaft trüben. Das erste besteht darin, dass eine Wirtschaft, die sich von einem strikten merkantilistischen Modell entfernt hat und sich auf eine Integration in die Weltwirtschaft zubewegt, zunehmend verwundbarer wird für Ereignisse, die außerhalb ihrer Kontrolle liegen. Diese Verwundbarkeit kann zunächst in einem rein militärischen Sinn bestehen, etwa in der Abhängigkeit von Erdöllieferungen oder von außeramerikanischen Herstellern elektronischer Chips für viele unserer Waffensysteme. Doch die Verwundbarkeit besteht zudem in dem viel weiteren Sinne, dass eine offene Gesellschaft durch Anschläge intelligenter und entschlossener Feinde getroffen werden kann, wie wir es am 11. September erlebt haben. Dass amerikanische Passagiermaschinen entführt, von in den USA ausgebildeten Piloten geflogen und in Selbstmordanschlägen gegen das World Trade Center gesteuert wurden, war wohl das extremste Beispiel für eine asymmetrische Bedrohung. Während das Land mühsam beginnt, seine Lehren aus diesen Anschlägen zu ziehen, steht es vor dem gleichen Dilemma, dem sich bereits die Einwohner von Tel Aviv, London, Belfast oder Barcelona ausgesetzt sahen. Niemand möchte in einer hermetisch geschlossenen Gesellschaft wie Nordkorea leben, aber eine vollständige Integration und Offenheit birgt ebenso ihre Schattenseiten. Es wird sich als unvorstellbar schwierig erweisen, ein fein abgestimmtes Gleichgewicht zwischen Offenheit und Sicherheit zu erreichen. Wird man auf der Suche nach diesem Gleichgewicht scheitern, so dürfte dies die wirtschaftliche Zukunft Amerikas extrem belasten.

Ein weiteres Problem bei der Beseitigung sämtlicher Handels- und Wirtschaftsschranken besteht darin, dass die ökonomische Tätigkeit insgesamt gesehen zunimmt, dass sie jedoch auf der individuellen Ebene Gewinner und Verlierer produziert – einzelne Unternehmen ebenso wie ganze Länder. Wenn es von den Verlierern zu viele gibt, dann können Sozialgefüge und politische Stabilität bedroht sein. Der österreichische Nationalökonom Joseph Schumpeter hat in diesem Zusammenhang von den »schöpferischen Stürmen« des Kapitalismus gesprochen. Das System der freien Marktwirtschaft hat sich als das leistungsfähigste erwiesen, wenn es um die Steigerung des Lebensstandards und die Abstützung des demokratischen Systems geht, aber der Übergang zur kapitalistischen Produktionsweise wird häufig von Erschütterungen und Risiken begleitet. Die Durchsetzung des Kapitalismus bringt nicht nur neue wirtschaftliche Chancen mit sich, sondern führt ebenso zum Zusammenbruch alter Strukturen und Lebensweisen. Für viele Entwicklungsländer, die sich nach Kräften bemüht haben, die freie Marktwirtschaft einzuführen – etwa die meisten lateinamerikanischen Staaten –, erwies sich dies als ein steiniger Weg, bei dem keineswegs garantiert war, dass man am Ende zu einer prosperierenden Wirtschaft gelangen würde. Weite Teile der Bevölkerung entwickelten daher gegenüber dem neuen System Ressentiments und Ängste.

Da viele von denen, die diese feindselige Haltung einnehmen, die für sie bedrohliche Modernisierung mit einer Amerikanisierung gleichsetzen, statt darin einen allgemeinen globalen Prozess zu sehen, gibt man häufig den USA, ihren Unternehmen und ihren Bürgern die Schuld an den gesellschaftlichen und politischen Kosten der wirtschaftlichen Integration. Wenn in den letzten Jahren in verschiedenen Regionen der Welt antiamerikanische Unruhen ausbrachen, dann richteten sich die Angriffe nicht einfach gegen die amerikanische Flagge, sondern auch gegen Symbole der kulturellen und wirtschaftlichen Macht Amerikas, etwa die Fastfood-Restaurants von McDonald's. Amerikanische Bluejeans, Marlboro-Zigaretten und Coca-Cola mögen bei Konsumenten in der ganzen Welt Anklang finden. Sie sind gleichzeitig aber auch die sichtbaren Symbole des Wandels und des Angriffs auf das Alte für Gesellschaften, die nicht dafür gerüstet sind, den Übergang zur freien Marktwirtschaft reibungslos zu bewerkstelligen, oder in denen ein genereller Widerstand gegen den sozialen und kulturellen Wandel dominiert.

Schließlich gibt es noch die oft gestellte Frage, wie denn die führende Wirtschaftsmacht ihren Vorsprung vor anderen Nationen noch für weitere Jahrzehnte behaupten soll, wenn sie gleichzeitig den Rest der Welt dazu auffordert, ihren Methoden und Leistungen nachzueifern. Wie bereits bemerkt, haben die Befürworter der freien Marktwirtschaft in einer »Welt ohne Grenzen« offenbar nie ein Problem gesehen, da in ihren Augen die steigende Flut einer weltweiten Prosperität alle Boote gleichmäßig anheben würde, so dass kein Grund zu der Besorgnis besteht, dass andere zur Spitze aufschließen könnten. Da außerdem, so ihr Argument, die Bedeutung traditioneller Nationalökonomien gegenüber den riesigen multinationalen Unternehmen mehr und mehr schwinde, sei es ein Anachronismus, sich wegen der relativen Position einzelner Staaten Sorgen zu machen.

Eine solche Haltung kann unmöglich von Strategen geteilt werden, die sich mit nationalen und internationalen Machtverhältnissen beschäftigen. Für sie ist es gerade die relative Verteilung von Macht und Einfluss, die im Zentrum des Verständnisses der Weltpolitik und der ganzen Dynamik des »Aufstiegs und Falls der Großmächte« im Lauf der Jahrhunderte steht. Sollte in den kommenden Jahrzehnten der Anteil der Vereinigten Staaten an der globalen wirtschaftlichen Leistungsfähigkeit und Prosperität zugunsten anderer Länder zurückgehen, so wäre dies vergleichbar mit der Verdrängung

Spaniens aus seiner wirtschaftlichen Führungsrolle im siebzehnten Jahrhundert durch die Niederländische Republik oder mit der Übernahme der Position Englands durch Deutschland und Amerika zu Beginn des zwanzigsten Jahrhunderts. Der Präsident und der Kongress der USA sind sich natürlich der unliebsamen Folgen bewusst, die sich aus einer langfristigen relativen Schwächung ihres Landes an der wirtschaftlichen Front ergeben würden. Selbst der eindrucksvolle Aufschwung der US-Wirtschaft in den neunziger Jahren hat nichts an der Relevanz der »Niedergangs«-Debatte geändert, die in den letzten zehn Jahren so viel Aufmerksamkeit auf sich gezogen hat. Tatsächlich sind viele der Lehren, die aus dieser wirtschaftlichen Erholung gezogen wurden – der Abbau der Staatsverschuldung und die Freisetzung von zusätzlichem Kapital für Investitionen, Steuersenkungen oder Anreize für Unternehmen, sich umzustrukturieren und in neue Märkte und Produktbereiche vorzustoßen –, ein hoffnungsvoll stimmender Hinweis darauf, wie man seine Wettbewerbsfähigkeit erhalten kann. Doch ob sich der Prozess einer wirtschaftlichen und technologischen Erneuerung wieder und wieder erfolgreich bewerkstelligen lässt, muss eine offene Frage bleiben. Keinem Land ist dies bis jetzt auf Dauer gelungen.

Es gibt einen tiefen Widerspruch im Hinblick auf die Bereitwilligkeit Amerikas, seine ökonomischen Erfolgsrezepte in aller Welt zu verbreiten, der sich auf die einfache Formel bringen lässt: »Was wäre, wenn die ganze Welt tatsächlich auf das Niveau von Kansas gebracht würde?« Was wäre, wenn das amerikanische Produktionsniveau in vielen der heute noch unterentwickelten Länder erreicht würde? Die Ergebnisse – vorausgesetzt, ein weltweiter Kollaps der Umwelt könnte unter den Bedingungen einer derart ausgedehnten Wirtschaftstätigkeit vermieden werden – wären vielleicht für Milliarden Menschen segensreich, aber eben nicht für die relative Macht Amerikas. Der Grund dafür wird aus einem statistischen Vergleich zwischen Amerika und, sagen wir, China ersichtlich.

Wie bereits erwähnt, entfallen auf die USA gegenwärtig 4,6 Prozent der Weltbevölkerung, auf China dagegen 21 Prozent. Doch die USA sind eine stärkere Macht als China, weil ihr Bruttoinlandsprodukt pro Kopf der Bevölkerung 34 200 Dollar, in China jedoch nur 3900 Dollar beträgt. Sollte jedoch die Zeit kommen, da die Bevölkerung Chinas durchschnittlich denselben Lebensstandard hätte wie die Amerikaner, so wäre dessen absolutes wirtschaftliches Gewicht vier- bis fünfmal so groß – eine Aussicht, die wohl nur für wenige in diesem Land verlockend ist. Seit Jahren verzeichnet die chinesische Wirtschaft ein Wachstum, das mindestens doppelt so hoch ist wie das der Vereinigten Staaten, und je mehr die USA in diesem Land investieren oder für seine Integration in die Welthandelsorganisation und für internationale Kredite zu seinen Gunsten eintreten, desto mehr schrumpft der wirtschaftliche Abstand zwischen den beiden Ländern.

Dieser Abstand ist noch immer groß, könnte man einwenden. Aber man darf nicht vergessen, in welcher Weise die britischen Exporte von Kapital, Maschinen, Produktionsanlagen und neuen Produktionstechniken gegen Ende des neunzehnten Jahrhunderts zur Industrialisierung Deutschlands und der USA geführt haben. Zunächst verringerte sich der frühere Vorsprung Großbritanniens nur, schließlich aber verlor das Land seine Spitzenposition. Das ist nicht das einzige historische Beispiel für einen Prozess, bei dem der einstmals führende Staat dazu beitrug, seine eigenen Nachfolger großzuziehen. Dennoch glaubt niemand in Washington, dass es strategisch unklug sein könnte, Chinas langfristiges Wachstum zu unterstützen, und der gegenwärtige Zustand durchaus befriedigend sei. Im Gegenteil, viele sind überzeugt, dass es für Amerika umso besser sei, je größer der Wohlstand in China und je niedriger dessen Handelsschranken seien. Möglicherweise beruht dieser Optimismus auf der unausgesprochenen Annahme, dass aus China eine stabile, friedliche Demokratie wird und dass Amerika von diesem Land nichts zu fürchten hat. Doch selbst

wenn sich das bewahrheiten sollte: Auch bei der Ablösung
Englands durch die USA als wirtschaftliche Führungsmacht
vor einem Jahrhundert waren zwei Demokratien beteiligt, und
für England war der Prozess trotzdem sehr schmerzhaft.

Dem kann man entgegenhalten, dass der Globalisierungs-
prozess so umfassend und unaufhaltsam ist, dass es praktisch
keine Alternative dazu gibt, da kein vernünftiger Mensch eine
Rückkehr zum Protektionismus der dreißiger Jahre mit dem
Ziel einer wirtschaftlichen Autarkie wollen kann. Dieser Einwand ist wahrscheinlich zutreffend. Das Internet ist aus unserer Gesellschaft nicht mehr wegzudenken, Kontrollen der Fi-
nanzströme ließen sich nur unter großen Schwierigkeiten
wieder einführen, der Börsenhandel rund um die Uhr ist eine
Realität. Wir haben den Geist aus der Flasche gelassen, und
wollten wir ihn wieder dorthin zurückbringen, würde bei dem
Versuch wahrscheinlich das Glas zerbrechen. Aber auch wenn
die USA den Lauf der Dinge nicht umkehren können, so ist
es doch eigenartig, dass die rosigen Annahmen über die wirtschaftliche Transformation unseres Planeten nicht stärker
hinterfragt werden.

3.

Das dritte und letzte Element einer langfristigen Strategie der
Vereinigten Staaten zur Erhaltung ihrer Macht und ihres Ein-
flusses liegt im Bereich der Außenpolitik – im Einsatz diplomatischer Möglichkeiten, in der finanziellen Ausstattung und
Nutzung internationaler Organisationen, in einer überlegten
Bündnispolitik und in der klugen Gewinnung und Weitergabe
be von Geheimdienstinformationen. In dieser Hinsicht hatte
sich die Politik der gegenwärtigen Regierung in ihren ersten
acht Monaten noch nicht besonders ausgezeichnet, bis der
Schock des 11. September auch die Abkehr vom amerikanischen Unilateralismus nach sich zog, und zwar auf zahlreichen
Ebenen. Die Einsatzmöglichkeiten der UNO werden heute
in höherem Maße anerkannt: von der frühen Warnung vor

Krisen über die Autorisierung von Interventionen durch den Sicherheitsrat bis hin zu der Verteilung von Lebensmitteln an Flüchtlinge und Wiederaufbaumaßnahmen nach Kriegen. Sie alle werden benötigt werden, um die Interessen der Vereinigten Staaten zu fördern, ebenso wie die zahlreichen Hilfestellungen, die von der Weltbank und dem Weltwährungsfonds, von Interpol und von ausländischen und internationalen Institutionen der Strafverfolgung geleistet werden können. Allein schon der internationale Charakter des Terrorismus und die in höchstem Maße heiklen Beziehungen der USA zur muslimischen Welt machen eine kluge Diplomatie unabdingbar.

Doch diese Strategie kann bedeutende Gegenleistungen erforderlich machen, bei denen die USA möglicherweise keine große Wahl haben. Länder wie Indien und Brasilien, Deutschland und Japan, die seit Jahren eine Überprüfung der Zusammensetzung der UNO-Hauptorgane, vor allem des Sicherheitsrats, fordern, werden die neue Aufwertung internationaler Foren und Programme durch die USA als Hebel nutzen wollen, Änderungen durchzusetzen. Und »Vetomächte« wie China und Russland werden wahrscheinlich ebenfalls auf – positiven und negativen – Zugeständnissen der USA bestehen, als Gegenleistung für ihre längerfristige Unterstützung amerikanischer Aktionen. Wenn die internationalen Organe der Weltwirtschaft und der Entwicklungshilfe mit neuen Ressourcen ausgestattet werden, um Armut, Unterernährung und Menschenrechtsverletzungen zu begegnen, wird Amerika genötigt sein, sich mit an den Tisch zu setzen – aber als Primus inter pares und nicht als der unangefochtene Boss – und für solche Zwecke einen größeren finanziellen Beitrag zu leisten als in der jüngeren Vergangenheit.

Außerdem wird der Krieg gegen den Terrorismus höhere diplomatische Anforderungen als bisher an die Beziehungen zu anrüchigen Regimen stellen. Es ist natürlich nicht das erste Mal, dass die amerikanische Demokratie fragwürdige Bündnisgenossen hat; die Erfordernisse des Kalten Krieges brachten es mit sich, dass die Vereinigten Staaten Diktaturen und rechtsgerichtete Militärorganisationen in verschiedenen Teilen der Welt unterstützten und es mit deren Haltung zu Menschenrechtsfragen nicht so genau nahmen. Das ist stets ein schwieriges Problem für eine offene und sich selbst als mustergültig verstehende Demokratie wie die amerikanische, vor allem deshalb, weil die Verfassung dem Kongress einen so großen Spielraum bei der Gestaltung der Außenpolitik lässt. Es könnte sich als zweifelhaft und kontraproduktiv für eine langfristig erfolgreiche Diplomatie erweisen, wenn die USA terroristische Netzwerke als ihren größten Feind identifizieren und mit allen Regierungen, die dazu beitragen, den Terrorismus zu vernichten, Bündnisse eingehen. Großmächte, die ihre religiösen und ethnischen Minderheiten mit Füßen treten – Russland in Tschetschenien, China in Tibet und Xinjiang –, werden möglicherweise exkulpiert, oder zumindest übergeht man ihre Verstöße gegen demokratische Normen mit Schweigen. Länder, denen man bislang mit Abneigung und Misstrauen begegnete – man denke etwa an das mörderische Regime im Sudan –, werden heute möglicherweise belohnt, wenn sie sich gegen den internationalen Terrorimus stellen, als wären ihre Unterdrückungsmaßnahmen nicht selbst eine Form des Terrorismus. Schwankende konservative Regierungen im Nahen Osten, die keine Demokratien sind und ihr eigenes Volk fürchten, werden unter Umständen unterstützt. Alle Bündnisse, hat der englische Historiker Lord Beloff einmal geschrieben, »sind mit Dienstbarkeiten verbunden«. Amerika scheint im Moment bereit zu sein, dieses Risiko einzugehen, doch das alte arabische Sprichwort, nach dem der Feind meines Feindes mein Freund ist, scheint nicht ganz gefahrfrei zu sein. Die Lehren der Moralphilosophie über die »unbeabsichtigten Nebenfolgen« einer bestimmten Handlung werden sich immer wieder aufs Neue bewahrheiten. Kurzum, die Jahre, die vor uns liegen, werden das US-Außenministerium und den diplomatischen Dienst der USA auf eine harte Probe stellen, auch wenn sie für beide größere finanzielle Mittel und mehr Respekt bereithalten.

Schließlich besteht auch noch die Gefahr, dass die USA überreagieren und sich dabei übernehmen. Unser Land hat einen furchtbaren und ungerechtfertigten Schlag erlitten und reagiert darauf mit einer ganzen Palette von militärischen und politischen Maßnahmen, die alle den Zweck verfolgen, die Terroristen und ihre Helfershelfer zu bestrafen und – in einem umfassenderen Sinne – die eigenen Interessen und die eigene Stellung in einer zutiefst beunruhigten Welt zu wahren. Inmitten des Schmerzes und der Erschütterung verwundert es nicht, dass man wütende Stimmen hört, die eine Rückkehr zum westlichen Kolonialismus in irgendeiner – diesmal vermeintlich segensreichen – Form fordern, etwa die Neuerfindung von »Mandatsgebieten« im Nahen Osten oder eine zahlenmäßig starke Militärpräsenz in Afghanistan und seinen Nachbarstaaten. Das alles birgt die Gefahr, die amerikanischen Truppen immer weiter von ihrem Land zu entfernen, auch wenn es angeblich der Sache der inneren Sicherheit dient.

Solchen Forderungen nach einer langfristigen militärischen Präsenz der USA irgendwo in der Mitte des Hindukusch sollte jedoch mit Skepsis und Vorsicht begegnet werden, mögen sie auch noch so gut gemeint sein. Wenn wir etwas aus dem zwanzigsten Jahrhundert gelernt haben, dann kann es nur das sein, was John Stuart Mill schon viel früher feststellte, dass es nämlich »so etwas wie die Beherrschung eines Volkes durch ein anderes nicht gibt und nicht geben kann«. Strafexpeditionen gegen Stützpunkte von Terroristen und brutale Regime sind eine Sache. Eine imperiale Kontrollpolitik durch die amerikanische Demokratie ist eine andere Sache. Sie ist politisch entzweiend, wirkt daher nur schwächend und stellt das Gegenteil einer vernünftigen Strategie zur Aufrechterhaltung der amerikanischen Macht im einundzwanzigsten Jahrhundert dar.

Damit erhebt sich die grundlegende politische Frage, die nicht ohne Tücke ist: Muss man es überhaupt für wünschenswert halten, die gegenwärtige Stellung Amerikas in der Welt zu behaupten? Bisher bin ich in meiner Erörterung von der Annahme ausgegangen, dass die Wahrung des Spitzenplatzes der USA in der Welt die einzig denkbare Großstrategie sei und dass lediglich zur Debatte stehe, ob unsere Politiker klug genug sein würden, dieses Ziel in einer Zeit zu erreichen, in der zu den alten nunmehr neue Bedrohungen hinzukommen. Doch was ist, wenn eine jüngere Generation von Amerikanern in den zwanziger oder dreißiger Jahren unseres Jahrhunderts zu einer anderen Sichtweise gelangt? Was ist, wenn sie sich dafür entscheiden, die Macht, die Verantwortung und die Belastung mit anderen zu teilen, und es vorziehen, nicht mehr der allein zuständige Polizist zu sein, sondern der Seniorpartner in einer Welt demokratischer Staaten, die globale Probleme durch internationale Organisationen und eine gemeinsame Politik lösen? Das klingt phantastisch in unserem gegenwärtigen Zeitalter des Terrors und des Krieges, der Armut und des Hasses. Doch der menschlichen Einbildungskraft wird von Zeit zu Zeit gestattet, sich für diese Erde eine Zukunft vorzustellen, in der es eine echte demokratische Vertretung, von lokalen Regierungen bis zu globalen Institutionen gibt, in der Menschenrechte allgemein geachtet werden, der Reichtum gerechter verteilt ist und das Wort »Weltgemeinschaft« eine Realität bezeichnet. Damit es dahin kommt, braucht es allerdings ein wesentlich umfassenderes strategisches Umdenken, als es uns durch die gegenwärtige Krise aufgenötigt wird.

Selbst diejenigen Amerikaner, die dem bloßen Gedanken an eine Teilung der globalen Macht und an eine Transformation der USA zu einem »normalen« Land feindselig gegenüberstehen, werden früher oder später akzeptieren müssen, dass dieser Prozess unvermeidlich ist und in Wirklichkeit bereits eingesetzt hat, gerade weil wir eine liberale Nation und

eine offene Gesellschaft sind. Die Terroranschläge vom
11. September, die innerhalb unserer eigenen Grenzen erfolg-
ten, aber Tausende von Kilometern entfernt geplant wurden,
haben gezeigt, dass wir die übrige Welt brauchen und sie nicht
einfach ignorieren können. Wir kommen nicht umhin, außenpolitische Kompromisse einzugehen, und wir können
internationale Organisationen nicht länger umgehen oder mit
Geringschätzung behandeln. Vor allem können wir nicht verhindern, dass es langfristige Verlagerungen im wirtschaftlichen und strategischen Kräftespiel geben wird, da wir mit unseren wirtschafts- und sozialpolitischen Maßnahmen selbst
die Urheber dieser künftigen Veränderungen sind. Wir können etwa den Aufstieg Asiens schlechterdings nicht aufhalten.
Ob wir diesen Wandel in Würde akzeptieren und uns auf die
Veränderung der Weltmachtstellung Amerikas in angemesse-
ner Weise einstellen oder stattdessen gegen diesen säkularen
Trend aufbegehren und darauf bestehen, dass die USA eine
Sonderstellung einnehmen, ist vermutlich die größte strategische Frage überhaupt.

Im Augenblick sieht es allerdings danach aus, dass es genügend Ressourcen gibt – militärischer, wirtschaftlicher, technischer, diplomatischer und intellektueller Art –, um den Platz
der Vereinigten Staaten in der Welt zu behaupten, wenn auch
vielleicht auf eine überlegtere, achtsamere Weise. Die Herausforderung besteht darin, von diesen Ressourcen einen
klugen Gebrauch zu machen, denn Klugheit ist das Fundament, auf dem eine erfolgreiche Politik aufbaut. Doch diese
Probe unserer Klugheit wird härter sein als vor dem 11. September, da die Terroranschläge die Bedeutung der Macht verändert haben – nicht vollständig, aber bis zu einem Grad, der
uns dazu nötigt, einen Großteil der amerikanischen Politik
und ihrer Grundannahmen zu überdenken. Eingespannt zwischen ein vertrautes und eindrucksvolles Programm internationaler Sicherheitspolitik einerseits und ein neuartiges, un-
vertrautes und nicht minder groß angelegtes Projekt des

Kampfes gegen den Terrorismus andererseits, muss Amerika nun seinen Weg finden. Die Gewässer, die das amerikanische Staatsschiff im einundzwanzigsten Jahrhundert zu passieren hat, werden vielleicht noch aufgewühlter und noch schwieriger zu durchfahren sein als in dem Jahrhundert, das gerade hinter uns liegt.

Mythos und Realität des arabischen Terrorismus
Charles Hill

Der Terrorismus lebt von Mythen. Dasselbe gilt für den anhaltenden Kampf gegen ihn. Vier gefährliche falsche Vorstellungen geistern seit den Terroranschlägen vom 11. September in den Köpfen herum. Die erste besteht in der Annahme, Amerika stehe vor einer Herausforderung gänzlich neuer Art, bislang habe man Vergleichbares noch nicht erlebt, und das Leben unseres Volkes habe sich für immer verändert. Zum Zweiten gibt es den Mythos, wir hätten uns das selbst zuzuschreiben: Wären wir nur nicht so arrogant gewesen, hätten wir nur auf andere gehört und von ihnen gelernt, hätten wir nur eine andere Außenpolitik betrieben, dann hätte diese Katastrophe verhindert werden können. Was die Vereinigten Staaten im vergangenen Jahrzehnt tatsächlich hätten tun können und sollen, wäre ein schnelleres und entschlosseneres Vorgehen gegen den Terrorismus gewesen. Des Weiteren gibt es den Mythos »des einen Terrorist ist des anderen Freiheitskämpfer«, womit gesagt werden soll, dass der berechtigte Zorn über Armut und Unterdrückung den Betroffenen keine andere Wahl lasse, als zu terroristischen Mitteln zu greifen. Und schließlich hört man die Klage, nichts von dem, was wir tun, könne gegen eine solche Bedrohung wirklich etwas ausrichten. Unser Feind lebe ungestört in schattenhaften Winkeln der Erde und schmiede Pläne, gegen die unsere Geheimdienste und unser Militär machtlos seien.

Wenn wir klüger werden wollen, müssen wir diese Mythen zerstören und der Realität ins Gesicht sehen.

I.

Der Krieg gegen den Terrorismus, der am 11. September begann, ist der zweite dieser Art, den die USA zu führen haben. Der erste begann in den siebziger Jahren des vorigen Jahrhunderts und setzte sich bis weit in die achtziger Jahre hinein fort. Viele haben vergessen, dass wir diesen Krieg überhaupt geführt haben, und zwar mit Erfolg. Wir sollten uns heute daran erinnern, dass damals Passagierflugzeuge und Kreuzfahrtschiffe von Fachleuten auf dem Gebiet des Mordens entführt wurden. Unschuldige Zivilisten starben in München, London, Paris, Istanbul und Delhi. Attentäter erschossen Anwar as-Sadat, den ägyptischen Präsidenten, vier Jahre nach seinem historischen Besuch in Jerusalem, der Frieden mit Israel bringen sollte.

Für die Amerikaner war dieser erste Krieg gegen den Terrorimus geprägt durch eine lange Serie von Anschlägen, Geiselnahmen und Morden. Der US-Botschafter im Sudan wurde 1973 von Palästinensern ermordet, der Botschafter im Libanon 1976 umgebracht. 1979 nahm man US-Bürger aus der amerikanischen Botschaft in Teheran als Geiseln. Im selben Jahr wurde der amerikanische Botschafter in Kabul gekidnappt und ermordet. 1983 wurde ein Passagierflugzeug der TWA in den Libanon entführt, und im selben Jahr forderte ein Selbstmordanschlag auf die amerikanische Botschaft in Beirut den Tod von mehr als einem Dutzend Amerikanern. Sechs Monate später fuhren Terroristen einen mit Sprengstoff beladenen Lieferwagen auf ein Kasernengelände der US-Marines auf dem Flughafen Beirut und töteten 241 Menschen. Der Amerikaner Leon Klinghoffer wurde 1985 von Terroristen ermordet, die das Kreuzfahrtschiff *Achille Lauro* auf dem Mittelmeer gekapert hatten und ihn mitsamt seinem Rollstuhl ins Meer warfen. Als Präsident Reagan eine Verbindung zwischen dem Bombenanschlag auf eine Berliner Diskothek 1985 und dem libyschen Staatspräsidenten Muammar al-Gaddafi sah, befahl er im April 1986 die Bombardierung libyscher Produktionsanlagen und sogar Gaddafis privater Wohngebäude durch F-111-Kampfbomber der US-Luftwaffe; Gaddafi überlebte den Angriff, doch angeblich fand dabei eine seiner Töchter den Tod. Nach diesem Bombenangriff schien Gaddafis Bereitschaft abzunehmen, Terror gegen die Amerikaner einzusetzen. Ende der achtziger Jahre hatte es den Anschein, dass die Hauptakteure des internationalen Terrorismus weitgehend unterdrückt oder auf der Flucht waren.

In diesem ersten Krieg wurden die Terroristen primär von politischen Motiven angetrieben. Die Aktionen der Palästinensischen Befreiungsorganisation (PLO) zielten darauf ab, »das zionistische Staatsgebilde« Israel zu vernichten und einen eigenen säkularen, sozialdemokratischen und multireligiösen Staat zu errichten. Die Volksfront zur Befreiung Palästinas (PFLP), eine ständige Quelle terroristischer Aktivitäten gegen israelische Ziele, war von Anfang an eine betont säkulare Organisation. Die beiden wichtigsten Unterstützerstaaten des Terrorismus im ersten Krieg, Syrien und Irak, gründeten sich auf die – angeblich sozialistische, tatsächlich aber faschistische – panarabische al-Baath-Bewegung, deren Führer für die rücksichtslose Unterdrückung radikalislamischer Strömungen in den eigenen Reihen bekannt waren.

Im Rückblick nahm ein einziger Anschlag auf Amerikaner während dieses ersten Krieges die religiösen Elemente jenes Terrorismus vorweg, den wir nun im zweiten Krieg erleben. Im November 1979 stürmten radikale Islamisten die Große Moschee in Mekka und hielten sie besetzt, bis saudi-arabisches Militär sie ergriff und tötete. Dieses schockierende Ereignis war zwar eine rein muslimische Angelegenheit, doch als Antwort darauf rotteten sich religiöse Extremisten in Pakistan vor der US-Botschaft in Islamabad zusammen und zündeten sie an; ein anschauliches Beispiel für den verbreiteten Verdacht, bei praktisch allen derartigen Zwischenfällen im Nahen Osten sei eine finstere amerikanische Macht im Spiel.

2.

Der erste Krieg gegen den Terrorismus wurde weder beendet noch gewonnen. Wie sich herausstellen sollte, hatte Gaddafi dem Terrorismus keineswegs abgeschworen. In der Rückschau erscheint er vielmehr als eine Figur des Übergangs zwischen dem ersten und dem zweiten Terrorkrieg. Nachdem Gaddafi 1969 die Macht übernommen hatte, verfügte er, dass die libysche Nationalflagge aus einem einfachen Grün ohne jeden weiteren Schmuck bestehen sollte, ein sichtbares Zeichen, dass kein Regime islamischer sein könne als das seinige. Er verkündete offen, dass er sich in einem Religionskonflikt mit dem Westen befinde. Präsident Reagans Luftschläge gegen Gaddafi, die von den USA anfangs als Erfolg gewertet wurden, erwiesen sich in der Folgezeit als eine oberflächliche und inkonsequente Geste. Die Amerikaner konnten hart zuschlagen, aber sie setzten nicht wirkungsvoll nach. Gaddafi hielt sich einfach stärker bedeckt, während er gemeinsam mit anderen Unterstützerstaaten des Terrors im Nahen Osten jenes Bombenattentat plante, das zum Absturz der PanAm-Maschine über Lockerbie in Schottland führte. Die USA hatten noch nicht gelernt, dass Vergeltungsschläge den Terrorismus nur zu neuen Attentaten aufstacheln; die völlige Vernichtung ist die einzige Möglichkeit, sich der Bedrohung zu entledigen.

Die Unzulänglichkeiten der amerikanischen Antiterrormaßnahmen verschlimmerten sich nur noch, als die US-Regierung beschloss, die Verantwortlichen für das Lockerbie-Attentat mit internationalem Haftbefehl und später über den Generalsekretär der UNO zu verfolgen. Während der neunziger Jahre stützten sich die USA weitgehend auf die Strafjustiz, um Terroristen dingfest machen und aburteilen zu können. Das absehbare Ergebnis waren endlose komplizierte Prozesse, die sich gegen die kleinen Fische richteten und die Drahtzieher ungeschoren ließen. Die Beweisregeln vor Gericht wirkten sich zum Vorteil des internationalen Terrorismus und seiner Unterstützerstaaten aus.

Nach jedem größeren Terroranschlag auf US-amerikanische Ziele in den letzten fünf Jahren erklärte Präsident Clinton feierlich, die Verantwortlichen würden vor Gericht gebracht: nach dem gewaltigen Sprengstoffattentat auf das Khobar-Tower-Hotel in Saudi-Arabien am 25. Juni 1996, bei dem neunzehn Angehörige der US-Streitkräfte getötet und Hunderte verletzt wurden, nach den Anschlägen auf die beiden US-Botschaften in Kenia und Tansania am 7. August 1998 und nach dem Selbstmordattentat auf die USS *Cole* im Jemen am 12. Oktober 2000. In keinem einzigen Fall gab es eine wirkungsvolle Gegenmaßnahme durch die USA. Nachdem die Medien jeweils noch eine Zeitlang über die Ereignisse berichtet hatten, ließ ihr Interesse nach, und die Anschläge schwanden aus dem öffentlichen Bewusstsein.

Das Handlungsmuster der USA nach diesen Attentaten bestand stets darin, schnell zu reagieren, ohne jedoch konsequent durchzugreifen. Das Abfeuern von Marschflugkörpern mochte man als kühne und entschlossene Aktion hinstellen, auch wenn es den Anschein hatte, dass diese Schläge darauf ausgelegt waren, möglichst geringe Schäden anzurichten. Diese Verhaltensweise erreichte 1998 ihren Höhepunkt, als die USA aufhörten, noch irgendeinen Versuch wirksamer Sanktionen gegen Saddam Hussein zu unternehmen. Nach dem Ende des Golfkriegs 1991 war der irakische Diktator von den USA in seiner Position belassen worden; in dem anschließenden Jahrzehnt konnte er einen Erfolg nach dem anderen für sich verbuchen. Heute hat er sich wieder als furchtbarer Machtfaktor im Nahen Osten und als Herr über ein wachsendes Arsenal von Massenvernichtungswaffen etabliert.

3.

Zwei Berufsgruppen haben zu diesem Reaktionsmuster der USA beigetragen, die beide auf ihre Weise eine Mittlerrolle spielen: der Journalismus und die Diplomatie. Je stärker die USA vom Prozess der Globalisierung betroffen wurden, desto weniger informiert oder interessiert zeigten sich paradoxerweise die Amerikaner, was Ereignisse jenseits ihrer Grenzen anging. Die Medien wandten sich ebenso wie das Weiße Haus dem eigenen Land zu, schlossen Auslandsbüros, druckten anstelle von Auslandsberichten Reportagen über das Privatleben amerikanischer Politiker und wachten nur dann für kurze Zeit wieder auf, wenn sich die Gefahr abzeichnete, dass US-Soldaten in Leichensäcken in die Heimat zurückkehrten. Die Medien interessierten sich nicht dafür, wenn die Verantwortlichen für die US-Außenpolitik Ultimaten stellten, ohne sie auch durchzusetzen, Drohungen aussprachen, denen keine Taten folgten, anderen – wie den Vereinten Nationen – die Schuld an amerikanischen Fehlschlägen gaben oder altbewährte außenpolitische Prinzipien zugunsten nebensächlicher Vorteile in der Innenpolitik aufgaben und auf diese Weise bei Bündnispartnern wie Gegnern ständig an Glaubwürdigkeit verloren.

Die qualitative und thematische Verschlechterung der journalistischen Arbeit fand ihre Entsprechung in der amerikanischen Diplomatie. Während der ganzen neunziger Jahre wurden Schnellverhandlungen mit dem Ziel geführt, Abkommen zu schließen – Hauptsache, sie waren unterschrieben – und die Details erst später auszuhandeln. Die diplomatischen Interventionen des früheren Präsidenten Carter reagierten auf die Bedürfnisse von Diktatoren in Nordkorea, im bosnischen Serbien und auf Haiti. Der diplomatische Erfolg von heute wurde einen Tag später zum gefährlichen Sumpf. Das feierlich verkündete Dayton-Abkommen von 1995 schuf zwei reale, aber diplomatisch nicht anerkannte Staatsgebilde – eine muslimisch-kroatische »Konföderation« und eine bosnische

»Serbische Republik« –, formell unter einer international anerkannten, aber politisch wesenlosen Föderation Bosnien-Herzegowina. Spätere Abkommen und Vereinbarungen zum Kosovo und zu Mazedonien wurden jeweils auf ihre Weise zu Variationen dieses unmöglichen Themas. Das 1998 geschlossene »Karfreitagsabkommen« in Nordirland folgte einer diplomatischen Laune mit der bizarren Bezeichnung *consociationalism* (consociation = Vereinigung, Bund), das heißt, jeder beteiligt sich mit jedem an allem: Es gibt Nord-Süd-Abkommen, um es denen recht zu machen, die Ulster mit der Republik Irland vereinigen wollen, und Ost-West-Maßnahmen für diejenigen, die Ulster für immer mit England verbunden sehen möchten. Der entscheidende Fehler in dem Text war, dass er die Entschlossenheit der IRA, ihr Waffenarsenal nicht aus der Hand zu geben, bewusst ignorierte. Das Abkommen mochte hoffnungsvolle Beobachter optimistisch stimmen, bei realistischer Betrachtung muss es jedoch als Fehlschlag gewertet werden.

Nimmt man noch die professionell ausgehandelten, aber mit zahlreichen Hintertürchen versehenen Vertragsentwürfe über den Klimaschutz, Nukleartests und einen Internationalen Gerichtshof hinzu, so ergibt sich für die letzten zehn Jahre eine lange Liste diplomatischer Fehlleistungen. Inzwischen hat sich anscheinend die Überzeugung durchgesetzt, dass irgendein Abkommen immer noch besser ist als überhaupt keines und dass sich nach Vertragsschluss der Friede in erster Linie als Folge einer guten Verwaltung ergibt.

4.

Die Vorwürfe gegen die USA wegen ihrer angeblich verfehlten Außenpolitik beziehen sich besonders häufig auf die Nahostpolitik und die Rolle Amerikas in den Verhandlungen zwischen Palästinensern und Israelis. Doch alle Forderungen, die USA müssten »unparteiischer« sein, gehen völlig an der Sache vorbei.

Im Lauf der Jahre haben wir erlebt, dass immer dann, wenn Israelis und Palästinenser einem Friedensabkommen nahe gekommen waren, die Terroristen besonders aktiv wurden. Sie verabscheuen die Idee eines solchen Friedens.

Das Fundament des arabisch-israelischen Friedensprozesses war die Anerkennung der Resolution Nr. 242 des UN-Sicherheitsrats, die 1967 in den Nachwehen des Sechs-Tage-Krieges verabschiedet worden war, den Ägypten, Syrien, Jordanien und der Irak gegen Israel geführt hatten. Dieser Resolution lag der Gedanke zugrunde, dass Verhandlungen zwischen den beiden Seiten schließlich zu einem Tausch Land gegen Frieden führen würden, bei dem Israel die Westbank und den Gazastreifen freigeben und die Palästinenser das Existenzrecht des Staates Israel anerkennen würden.

Bei dem Treffen zwischen Clinton, Arafat und Barak im Sommer 2000 in Camp David machte der israelische Ministerpräsident ein Angebot, das darauf hinauslief, die letzte der bislang nicht verhandelbaren »roten Linien« Israels aufzugeben und den Palästinensern unter anderem einen eigenen Staat und eine palästinensische Regierungsvertretung in Jerusalem zuzugestehen. Doch Arafat ging auf keinen der Vorschläge Israels ein.

Damit war das Konzept eines auf dem Verhandlungswege zu erreichenden Friedens gescheitert. Innerhalb weniger Wochen rief Arafat eine neue Intifada aus, in deren Zentrum terroristische Anschläge standen. Israel hatte keinen arabischen Verhandlungspartner mehr, der bereit gewesen wäre, ernsthaft über Frieden zu verhandeln.

Der arabische Terrorismus, der sich die Zerstörung Israels zum Ziel gesetzt hat, ist die Hauptursache für den Zusammenbruch des Friedensprozesses. Ein Teufelskreis hat sich gebildet: Praktisch alle Staaten des Nahen Ostens stehen auf der Liste der terroristischen Angriffsziele ganz oben, nicht nur Israel, sondern auch die Regime der arabischen Nachbarstaaten. Die Angst, von Terroristen gestürzt zu werden, bewegt diese Führungen dazu, ihre Völker mit antiisraelischer Propaganda einzudecken, um deren Aufmerksamkeit auf äußere Ziele zu lenken. Die in den letzten Jahren gewachsene Bereitschaft Israels, früher nicht verhandelbare Standpunkte zur Disposition zu stellen, der Rückzug seiner Streitkräfte aus dem Südlibanon und sein Angebot an Syrien, die Golanhöhen zurückzugeben – all das hat die Araber nur zu der Überzeugung geführt, dass der Terrorismus funktioniere und es daher nicht nötig sei, die eigenen Ziele auf dem Verhandlungswege zu erreichen.

Käme es dennoch zu einer Friedensvereinbarung zwischen Israel und den Palästinensern, so würden die Regime im Nahen Osten in Panik geraten, weil sie fürchten müssten, dass die Terroristen, denen sie Unterschlupf gewähren, sich gegen sie wenden könnten.

Daher lassen sich heute die Terroristen zusammen mit den Regimen, von denen sie gehätschelt und zugleich gefürchtet werden, und in jüngster Zeit auch die palästinensische Führung alle von einem Hauptgedanken leiten: Keiner von ihnen kann gegenwärtig ein Friedensabkommen zwischen Israelis und Palästinensern dulden.

Alle diejenigen, die glauben, die USA könnten den Zorn der islamischen Fundamentalisten besänftigen und dem Terrorismus ein Ende machen, indem sie beide Seiten zu einem Friedensabkommen zwingen, haben keine Vorstellung von der harten Realität des Nahen Ostens. Jetzt auf einen solchen Frieden zu drängen käme einer Einladung zu weiterem Terror gleich. Jedem, der wie ich lange Jahre ernsthaft mit der Diplomatie des arabisch-israelischen Konflikts zu tun hatte, ist klar, dass der Friede nicht mit Druck von außen erzwungen werden kann. Der Versuch einer solchen Lösung würde eine der beiden Parteien oder alle beide vor der Notwendigkeit bewahren, die für ein dauerhaftes Abkommen erforderlichen Zugeständnisse zu machen. Unter den gegenwärtigen Umständen wird jedes Anzeichen dafür, dass die USA einen Diktatfrieden in Betracht ziehen, von der arabischen Seite als enormer Gewinn und als eine Station auf dem Weg zur völligen Vernichtung des Staates Israel angesehen.

Es steht außer Frage, dass ein israelisch-arabisches Friedensabkommen erst erreicht werden kann, wenn der islamische Terrorismus ausgerottet ist. Erst wenn der amerikanische Krieg gegen den Terrorismus gewonnen ist, wird ein Frieden im Nahen Osten möglich werden. Dasselbe gilt für viele andere angeblich unlösbare Konflikte auf der ganzen Welt; es sind die Terroristen, die die Vorstellung des Friedens grundsätzlich ablehnen. Ist der Terrorismus wirksam unterdrückt, kann die Diplomatie zu neuem Leben erwachen.

In den Nachwehen der Massenmorde vom 11. September zögerten viele Amerikaner bewundernswerterweise nicht, sich ungebrochen zu bürgerlichen Freiheiten und zur Achtung der Rechte von Individuen zu bekennen, die mit den terroristischen Feinden der USA das äußere Erscheinungsbild, die ethnische Zugehörigkeit oder den Glauben gemeinsam haben. Die religiöse Dimension dieses Terrorismus lässt sich jedoch nicht einfach wegerklären. Zu dieser Richtung des Islam gehören zweifellos religiöse Führer, die ihren Anhängern einschärfen, dass es ihre Pflicht sei, diejenigen zu töten, die ihre religiösen Überzeugungen nicht teilen. Der Islam kann zu Recht als eine Religion bezeichnet werden, die den Frieden und den Prozess der Zivilisation gefördert hat. Doch ebenso wie einige andere Religionen gehörte der Islam während bestimmter Perioden seiner Geschichte und in bestimmten Regionen der Welt zu einem kulturellen Umfeld, in dem sich Übeltäter einnisten und vermehren konnten. Die geistlichen Führer des Islam haben bislang weder angemessene Lehrmeinungen gegen den Terrorismus entwickelt, noch haben sie ihn mit eindeutigen Worten verurteilt. Bislang war von den Kanzeln der islamischen Geistlichen in den meisten Ländern – einschließlich derjenigen, die als gemäßigt gelten – nur ohrenbetäubendes Schweigen zu vernehmen. Die Freitagspredigten in den Moscheen im gesamten Nahen Osten ebenso wie in Europa und Nordamerika reichten von einer talibanfreundlichen Linie bis bestenfalls hin zu einer durchsichtigen Verurteilung der Terroristen, nach dem Motto: Was sie getan haben, war schlecht, aber nachvollziehbar und jedenfalls nicht schlimmer als der »Terrorismus«, der von den USA und Israel ausgeübt werde.

In den öffentlichen Diskussionen nach dem 11. September spielten diese Tatsachen kaum eine Rolle. Stattdessen wurden der Zorn und die Verzweiflung in den Vordergrund gestellt, die diese Völker des Nahen Ostens empfinden müssten, da sie gezwungen seien, ein Leben in Armut, Arbeitslosigkeit und als Vertriebene zu führen.

Doch die Terroristen, die wir heute verfolgen, gehören nicht zu den Armen und Bedrückten. In jedem einzelnen Fall sehen wir, dass sie aus guten Familien kommen, wohlhabend und gebildet sind und bestens auf ihr künftiges Leben und ihren Beruf vorbereitet. Mohammed Atta, der das Flugzeug von Flug 11 der American Airlines in den Nordturm des World Trade Centers flog, war der kultivierte, weltmännische Sohn eines reichen Rechtsanwalts aus Kairo.

Hier ist etwas anderes am Werk, etwas, das mit der Vorstellung, die zornigen Armen würden zu Terroristen, wenig zu tun hat. Dieses »etwas anderes« ist die Enttäuschung und die Wut darüber, dass der Region auf wirtschaftlichem Gebiet der Erfolg in demütigender Weise versagt bleibt und sich auch keine politischen Entwicklungsperspektiven auftun.

Noch vor wenigen Jahren schienen die arabischen Staaten des Nahen Ostens gut gerüstet, nach den asiatischen Nationen Mitglieder der »Ersten Welt« werden zu können. Ihrer flächenmäßigen Ausdehnung, ihrer Bevölkerungszahl und ihrem Reichtum nach war die Region ein offensichtlicher Kandidat für Macht und Einfluss in globalem Maßstab. Auch ohne die beträchtlichen Erdölvorkommen hätten der Nahe Osten und Nordafrika aufgrund ihrer Größe und ihrer geografischen Lage eine wichtige geopolitische Rolle spielen können.

Dennoch hat die arabisch-islamische Welt es nicht vermocht, sich einen Platz unter den wirtschaftlich mächtigen Staaten der Erde zu erobern. Schon vor über einem Jahrzehnt hat der renommierte Historiker Bernard Lewis von der Princeton University geschrieben: »Die Frage wird heute in einer neuen, präziseren und deshalb schmerzhafteren Weise gestellt. Warum war die islamische Welt nicht imstande, das Niveau der wirtschaftlichen und politischen Modernisierung ... anderer außerwestlicher Zivilisationen zu erreichen?«

Von einigen Ökonomen der muslimischen Welt wissen wir, dass der Koran eine Wirtschaftspolitik favorisiert und den islamischen Gemeinden zur Übernahme empfiehlt, die kapitalistisch ausgerichtet ist und den Kräften des Marktes vertraut. Und *The Economist* hat festgestellt: »Das islamische Bankwesen ist nicht nur vereinbar mit dem Kapitalismus (das heißt mit einer von den Märkten gesteuerten Verteilung von Kapital, Arbeit und anderen Ressourcen), sondern kann in mancher Hinsicht sogar besser auf ihn zugeschnitten sein als das westliche Bankensystem.« Zumindest der theoretischen Lehre des Korans zufolge darf ein wirtschaftlicher Gewinn nur dann realisiert werden, wenn der entgangene Konsum zu einer Investition führt, die einen realen wirtschaftlichen Ertrag einbringt. Die Geldverleiher haben ein Anrecht auf diesen Ertrag, aber nur in dem Maße, in dem sie dazu beitragen, Wohlstand zu schaffen.

Die rechtlichen und institutionellen Voraussetzungen für die Finanzierung und Verwaltung einer »kapitalistischen« Produktion und eines entsprechenden Tauschwesens sowie die Kenntnisse auf dem Gebiet von Kosten- und Gewinnberechnung waren somit in der islamischen Welt vorhanden, lange bevor die Europäer in der Neuzeit davon wirksamen Gebrauch gemacht haben.

Nichts im Koran scheint einem blühenden Handel entgegenzustehen. Mohammed war ursprünglich ein Kaufmann, und Mekka war ein bedeutendes Handelszentrum. Der Koran enthält spezifische Abschnitte über die Gepflogenheiten des Geschäfts. Ebenso wie der Aufstieg des modernen Kapitalismus in Europa begleitet war von einer neuartigen religiösen Einstellung zum Geldverdienen, so hatte auch die bürgerliche Revolution des muslimischen Reiches im achten und neunten Jahrhundert ein starkes religiöses Fundament.

Die Araber befanden sich zur Zeit der Abbasidenkalifen, die seit der Mitte des achten Jahrhunderts von Bagdad aus fünfhundert Jahre lang herrschten, im Herzen eines ausgedehnten Welthandelssystems. Sie schufen einen reichen und sich ständig ausdehnenden Verbrauchermarkt. Ihr Silber floss nach Russland und Skandinavien im Tausch gegen Holz, an die Küsten Afrikas im Tausch gegen Sklaven und nach Kanton im Tausch gegen keramische Erzeugnisse. Bevor Bürgerkrieg und achtlose Verschwendung diese Wirtschaft ruinierten, war Bagdad das Zentrum eines globalen Netzes von Handelsbeziehungen, das sich über eine Vielzahl unterschiedlicher Völker spannte. Der Offizier und Historiker Sir John Bagot Glubb (Glubb Pascha) hat darüber geschrieben: »Unter Kalif Harun ar-Raschid, der vom späten achten bis zum frühen neunten Jahrhundert regierte, erlangte das Reich seinen Gipfel des Ruhms und Reichtums, vergleichbar vielleicht mit dem viktorianischen England. ... Arabische Kaufleute trieben ihren Handel in China, Indonesien, Indien und Ostafrika. Ihre Schiffe waren bei weitem die größten und am besten ausgerüsteten in chinesischen Gewässern oder im Indischen Ozean.« Es war auch eine große Zeit der Wissenschaft und der Kultur, von Mathematik, Medizin, Astronomie, Dichtung und Philosophie; die Werke der alten Griechen – Aristoteles, Plato, Hippokrates und Galen – wurden ins Arabische übersetzt. Harun ar-Raschid war ein Förderer dieser Disziplinen, und unter seiner Herrschaft erlebten Wissenschaft und Kunst eine hohe Blüte.

Dieses glorreiche Zeitalter ist im heutigen arabisch-islamischen Denken noch immer gegenwärtig (bezeichnenderweise logierten die amerikanischen Journalisten 1990/91 während der Golfkrise und des Golfkriegs in Bagdad im Hotel ar-Ra-shid). Die Erfahrung, dass sich scheinbar grenzenlose politische und wirtschaftliche Hoffnungen zunächst zum Teil erfüllten, um letztlich doch enttäuscht zu werden, hat im Islam schmerzhafte und zugleich höchst lebhafte Erinnerungen hinterlassen, die sich bis heute immer wieder auf politische Einstellungen auswirken.

Einige islamische Regierungen haben nach Wegen gesucht, praktisch dasselbe zu tun, was der kontinentaleuropäische und englische Protestantismus Wirtschaftshistorikern zufolge für den abendländischen Kapitalismus getan hat: eine fundamentalistische Religionslehre mit der ausgeprägtesten Form wirtschaftlicher Effizienz zusammenzuspannen. Eine internationale Konferenz in Mekka 1976 hatte zur Folge, dass an der saudi-arabischen König-Abdulasis-Universität ein Forschungszentrum für islamische Ökonomie eingerichtet wurde. Dessen Auftrag besteht darin, »ein Bewusstsein für ökonomisches Denken und ökonomische Überlegungen auf der Grundlage islamischer Prinzipien zu wecken und zu verbreiten«. Einer erfolgreichen Verwirklichung dieses Vorhabens dürfte aus wirtschaftswissenschaftlicher Perspektive nichts im Wege stehen.

Während der meisten Zeit des letzten Vierteljahrhunderts schien die arabische Welt eine der stärksten Finanzmächte der Erde zu sein. In den siebziger Jahren sah es so aus, als säßen die westlichen Industrienationen wegen ihrer Abhängigkeit vom Erdöl in einer Falle. Als die Einnahmen der Golfstaaten und Libyens aus ihren Erdölverkäufen eine beispiellose Höhe erreichten, schien es für die arabische Ölmacht keine Grenzen zu geben. Die OPEC setzte den Preis für ein Barrel Rohöl, dessen Gestehungskosten fünfzig Cent betrugen, auf vierzig Dollar fest. Die kühnen und klugen Schachzüge, mit denen die Erdölvorkommen im Golf und auf der Arabischen Halbinsel unter die Kontrolle eines arabischen Kartells gebracht wurden, zeugten von hoher politischer Professionalität.

Doch das Preisverhältnis zwischen Exporten und Importen hat sich für die Ölförderländer ungünstig entwickelt. Die Einkünfte aus Erdölexporten, die im Spitzenjahr 1980 noch 225 Milliarden Dollar betragen hatten, gingen bis heute auf 55 Milliarden zurück. Diese Einkünfte gehen an die jeweiligen Regime der Erdölförderstaaten und untermauern deren Selbstverständnis als wohltätige Verteiler von Reichtum. Eine rasch anwachsende Bevölkerung erwartet heute von den Machthabern ein Maß an Zuwendungen, das nicht nur der sinkenden Staatseinkünfte wegen nicht beibehalten werden kann. Hinzu kommt, dass diese Regierungen es versäumt haben, ihre Wirtschaft und ihre Exportgüter zu diversifizieren. Die Verfügung über Erdölvorkommen erzeugt die Erwartung allgemeiner wirtschaftlicher Prosperität und hält die Regierungen davon ab, ernsthafte Maßnahmen für den Aufbau einer gesunden Wirtschaft auf einer breiten Grundlage zu ergreifen. Gäbe es diesen Ölreichtum nicht, so würden die arabischen Länder des Nahen Ostens in der ökonomischen Entwicklung noch hinter den afrikanischen Ländern rangieren.

Die Macht der Regime im Nahen Osten gründet sich auf eine Art Vertrag mit dem Volk, der aufgrund der wirtschaftlichen und sozialen Realitäten praktisch unmöglich erfüllt werden kann.

Während die Unzufriedenheit wächst, liefern die Lehren einer immer fundamentalistischeren Religion Begründungen für Anschläge auf jedes Regime an der Macht, unabhängig von dessen Form oder Weltanschauung.

5.

Wenn weder die Geschichte noch der authentische islamische Glaube die geringe wirtschaftliche Entwicklung des Nahen Ostens erklären können, was dann? Die Antwort liegt in den beklagenswerten politischen Verhältnissen in dieser Region.

Staaten sind die Hauptakteure auf der Bühne der internationalen Beziehungen, und die Diplomatie ist die Methode, mit deren Hilfe Staaten sich bemühen, Probleme zu lösen, die zwischen ihnen auftreten. Die politische Tradition des Islam allerdings betont die nahtlose Einheit von Glaube und Macht, eine Vorstellung, die allein schon mit der Idee von Staatlichkeit unvereinbar ist.

Die traditionelle islamische Herrschaft gründet sich auf die Umma, die Gemeinschaft der Gläubigen, die keine anderen Grenzen außer der Religion selbst anerkennen soll. Die Scharia – das auf einer wörtlichen Auslegung des Korans beruhende Gesetz – hat Vorrang vor dem Staat und erfordert nicht einmal dessen Existenz. Das Kalifat entstand deshalb, weil sich nach dem Tod des Propheten die Notwendigkeit ergab, ein politisch-religiöses Machtzentrum zu errichten. In der Neuzeit beanspruchte das Osmanenreich das Kalifat für sich. Als die türkische Revolution 1924 die Osmanen stürzte, wurde das Kalifat abgeschafft.

Seitdem ist es den politischen Eliten der arabisch-islamischen Welt nicht gelungen, eine glaubwürdige Alternative zum traditionellen System der Regierung zu finden. Gegenwärtig fällt der Schatten der Illegitimität auf jegliche politische Macht im Islam, und allein schon die Existenz von Staaten kann als Beweis für einen Verstoß gegen den islamischen Glauben betrachtet werden. Diese harte Realität verleiht den scheinbar phantastischen Ideen, eine charismatische Persönlichkeit wie Osama bin Laden könne durch einen terroristischen Krieg die Dar al-Islam, das Gebiet des Islam, von allen Ungläubigen reinigen und das Kalifat wieder errichten, eine um so größere Wirkungsmacht.

Die arabische Welt von heute, organisiert in der Arabischen Liga, besteht aus zweiundzwanzig Ländern, von denen anscheinend nur wenige mit der Form ihrer Staatlichkeit zufrieden sind, es sei denn als einem Mittel, machtpolitischen Ambitionen dem Ausland gegenüber ein Mäntelchen der Legitimität umzuhängen. Einige wie Marokko haben paternalistische Erbmonarchien, deren königliche Oberhäupter ziem-

lich nervös sind. In anderen Ländern, deren Grenzen wie im
Fall des Irak zur Zeit des europäischen Kolonialismus gezogen
wurden, herrschen säkulare Regime nach faschistischem Vorbild, beherrscht von der al Baath-Partei. Wieder andere wie
Ägypten und Syrien haben vom Westen konstitutionelle Elemente übernommen, die nie den Status der Legitimität erreicht haben, da sie nicht mit demokratischen Freiheiten ein-
hergehen. Ein Blick auf die Region insgesamt enthüllt unechte
»Staaten«, die versuchen, im Rahmen der Grundidee des
Panarabismus (»es gibt nur eine arabische Nation«) zurecht-
zukommen und zugleich innerhalb der noch größeren
Gemeinschaft von Staaten, die sich dem Panislamismus verpflichtet haben, den Mitgliedern der Islamischen Konferenz-
organisation, dem Ort, an dem sich – wenn überhaupt irgendwo – das unbesetzte Kalifat befindet. Alle diese Vorstellungen
behindern eine uneingeschränkte Partizipation der Region am
gegenwärtigen internationalen Staatensystem. Das Fehlen
glaubwürdiger politischer Systeme und die Unfähigkeit, in
einer Welt staatlicher Mächte eigene Staaten zu bilden, sind
wesentliche Gründe dafür, warum diese Völker sich unter das
Banner des Islam scharen und Protest erheben.

Im Lauf der letzten zehn Jahre ist der enorme Widerspruch
zwischen den Idealen des Panarabismus und des Panislamismus auf der einen Seite und den Bemühungen um eine Stärkung des Staates auf der anderen immer deutlicher sichtbar
geworden. Die Staatssicherheit wurde ebenso verstärkt wie
die Kontrolle der Medien, oppositionelle Gruppen mit legitimen Anliegen wurden zerschlagen oder gekauft.

Während die Regime auf diese Weise versuchen, zweiglei-
sig zu fahren, erweist sich immer deutlicher, dass sich hinter
der vermeintlichen Vielfalt an Regierungsformen in der Region stets das gleiche Verständnis von der politischen Ordnung der Gesellschaft verbirgt. In Oman ein Sultan, im Jemen
ein Militärpräsident, in Saudi-Arabien ein König samt Familie
mit besonderen islamischen Obhutspflichten, in Jordanien ein

König an der Spitze einer pseudokonstitutionellen Monarchie, in Ägypten ein Präsident und ein Parlament, die mit den entsprechenden westlichen Institutionen außer dem Namen nichts gemein haben.

Hinter all diesen verschiedenen Formen lässt sich immer dasselbe Muster ausmachen: Die Macht befindet sich in den Händen eines Potentaten, der von einer Prätorianergarde umgeben ist. In seiner unmittelbaren Umgebung trifft man auf eine Familie oder eine persönliche Entourage, die von der Stellung des Herrschers profitieren. Diejenigen, die sich in der Nähe des Machtzentrums befinden, haben ihren Nutzen davon, und die Schwachen werden nicht beachtet. Gleichzeitig herrscht die beständige Furcht, dass die unterdrückte Opposition einen Umsturzversuch unternehmen könnte. Dieses Muster stellt die grundlegendste und älteste Form politischer Ordnung dar.

6.

Das Land in der arabisch-islamischen Welt, das diese Widersprüche am sichtbarsten in sich vereinigt, ist Saudi-Arabien. Es ist kein Zufall, dass dieses fragile, geopolitisch eingekeilte, von Konflikten geschüttelte Land nicht nur die Heimat bin Ladens, sondern auch die Quelle seines Reichtums ist.

Saudi-Arabien ist der einzige Nationalstaat mit einem Familiennamen und der einzige Staat, dessen Legitimität auf seiner Schutzfunktion für den Islam beruht. Die herrschende Dynastie versteht Saudi-Arabien aufgrund der strengen Anwendung der Scharia als vollendete Verkörperung des Islam. Man kann Saudi-Arabien, ein Land, das über einen enormen Ölreichtum verfügt, Infrastruktur und private Unternehmen mit gewaltigen Mitteln fördert und sich leidenschaftlich für die Entwicklung von Wissenschaften und höherer Bildung engagiert, als ein großes Experiment verstehen. An seinem Gelingen oder Scheitern wird sich ablesen lassen, ob eine Gesellschaft auf wirtschaftlichem und technologischem Gebiet modernisiert werden kann, wenn sie gleichzeitig den Bedingungen einer strikten Befolgung islamischer Gebote unterworfen ist, vor allem im Hinblick auf die Trennung der Geschlechter und auf eine Staatsgewalt, die sich in ihren Vorgehensweisen von dem weltweit wachsenden Konsens über die Garantie von Menschenrechten und fairen Gerichtsverfahren wenig beeindrucken lässt.

Die politischen Ziele der Herrscher Saudi-Arabiens konzentrieren sich im Wesentlichen auf drei Bereiche: die Bewahrung der Monarchie und der Herrschaft einer gewaltigen Schar von Prinzen der königlichen Familie (also keine Verfassung, keine politischen Parteien, keine Wahlen); die langfristige Aufrechterhaltung eines stabilen Marktes für Erdölexporte – und einer gesunden, von ihm abhängigen westlichen Wirtschaft (so wandte man sich beispielsweise vehement gegen eine Besteuerung von CO_2-Emissionen im Westen); und, neben dem Schutz des saudischen Geldvermögens vielleicht am wichtigsten, die Wahrung ihrer Legitimität und ihrer Reputation als Hüter der heiligen Stätten von Mekka und Medina, den Orten, zu denen alle gläubigen Muslime der Welt einmal in ihrem Leben pilgern sollten. Das Regime ist nach Kräften bemüht, alle Kontakte zwischen seiner Bevölkerung und der westlichen Welt zu unterbinden, keine leichte Aufgabe angesichts der Tatsache, dass von den insgesamt elf Millionen Menschen, die das Staatsvolk bilden, vier Millionen im Ausland leben, deren Arbeitseinkommen notwendig ist, um das ehrgeizige Modernisierungsprojekt der Herrscher voranzubringen. Aus demselben Grund widersetzt sich das Regime einer touristischen Erschließung des Landes.

Dennoch wird Saudi-Arabien, das den Koran auf jedem gesellschaftlichen Gebiet strikt anwendet, von der neuen Terroristengeneration praktisch als unislamisch geschmäht. 1996 veröffentlichte Osama bin Laden ein Fatwa, ein Rechtsgutachten über die Vereinbarkeit bestimmter Handlungen mit dem islamischen Gesetz, in dem er die Einnahme der Städte

Mekka und Medina und den Sturz des saudi-arabischen Regimes zu seinen vordringlichsten Zielen erklärte. Seinen Worten zufolge ist dies nicht möglich, solange die USA in der islamischen Welt präsent sind oder dort Einfluss ausüben.

Bislang hat jedes Regime der arabisch-islamischen Welt versagt. Kein einziges war bislang in der Lage, seiner Bevölkerung eine realistische Hoffnung auf eine politisch und wirtschaftlich bessere Zukunft zu geben. Keines von ihnen hat auf die Enttäuschung seiner Bürger eine andere Antwort gewusst als Unterdrückung und Propaganda, die den Volkszorn auf äußere Feinde lenken soll. Auf solchem Boden gedeiht der Terrorismus religiöser Fanatiker. Sie drohen den Regimen und erpressen sich so Vergünstigungen und finanzielle Mittel, die ihre Macht und ihren Einfluss noch weiter stärken. Das Ergebnis ist eine Spirale aus politischen Misserfolgen, Furcht und Hass.

Solche Gefühle werden noch verstärkt durch eine Vergiftung des Denkens, die sich über den gesamten Nahen Osten ausgebreitet hat: die tief eingewurzelte Überzeugung, dass praktisch jedes bedeutende Negativereignis auf eine Verschwörung von außen zurückzuführen sei. Alle gesellschaftlichen Mängel werden einem ausländischen Komplott zugeschrieben, und von jedem Problem im eigenen Land nimmt man an, es wäre durchaus lösbar, wenn nur in den USA oder einem anderen fernen Machtzentrum bestimmte Entscheidungen getroffen würden, die jedoch aus Böswilligkeit unterbleiben.

Im Lauf der letzten Jahrzehnte sind die Amerikaner zunehmend derselben Verschwörungstheorie erlegen: dass so gut wie alle Probleme in der Welt auf irgendeinen Fehler zurückgingen, den sie gemacht haben.

Verschwörungstheorien beeinträchtigen das Leben jeder Gesellschaft, in der sie kursieren. Die Menschen, die ihnen anhängen, werden für vernünftige Argumente unzugänglich. Die groteske Wechselwirkung zwischen der nahöstlichen und der amerikanischen Form dieser Krankheit ist mittlerweile in hohem Maße schädlich.

7.

Trotz alledem bietet die Lage im Nahen Osten Perspektiven für einen positiven Wandel sowohl in der Region selbst als auch im internationalen Rahmen. Vielen Regierungen der arabisch-islamischen Welt, die Terroristen Unterschlupf und Unterstützung gewährt hatten, gingen nach den Anschlägen vom 11. September plötzlich die Augen auf. Diese Regime haben ein gefährliches Spiel gespielt: Sie schürten den Hass ihrer Völker auf ausländische Mächte und versuchten gleichzeitig zu verhindern, dass sich das Mächtegleichgewicht zugunsten der Terroristen verschob. Die Anschläge von New York und Washington haben gezeigt, dass die Bestie sich losgerissen hat und für ihre Wärter möglicherweise außer Kontrolle geraten ist.

Der Erfolg des arabisch-islamischen Terrorismus hat gewalttätige Gruppen in allen Teilen der Welt ermutigt, diesem Beispiel nachzueifern. Und Regierungen in Regionen außerhalb des Nahen Ostens haben es ihrerseits mit Beschwichtigungspolitik versucht. Vor allem europäische Länder haben die Anwesenheit ausländischer Terrororganisationen in ihren Großstädten in einer Art stillschweigendem Übereinkommen nach dem Motto »Tut ihr uns nichts, tun wir euch nichts« geduldet. Während des ersten Krieges gegen den Terrorismus bot etwa Wien zahlreichen Terroristen lange Zeit eine bequeme Zuflucht. Diese Zurückhaltung zahlte sich für Österreich aus, das jahrelang von Terroranschlägen weitgehend verschont blieb. Jetzt müssen alle Staaten einsehen, dass diese Politik der stillschweigenden Duldung nicht weiter fortgesetzt werden kann; sie birgt zu viele Gefahren, allein schon der gefährdeten Weltwirtschaft wegen, von der alle Staaten abhängig sind.

Vor allem müssen die USA ihre Glaubwürdigkeit als inter-

nationaler Garant von Stabilität und Sicherheit wiederher-
stellen. Während Amerika in kommerzieller und kultureller
Hinsicht zu einer allgegenwärtigen Vormacht geworden ist,
war sein Vermögen, andere vor den Aggressoren dieser Welt
zu schützen, in den letzten Jahren nicht sehr beeindruckend.
Es wird nicht leicht sein, das Format, das wir einmal hatten,
zurückzugewinnen. Die Situation erinnert an den amerikanischen Western *High Noon*, in dem der mutige Sheriff keine
Unterstützung findet, als der Schurke in die Stadt zurück-
kehrt: Die Angst der Stadtbewohner vor der Gefahr, die der
immer näher rückende Showdown mit sich bringt, ist stärker
als ihre Bereitschaft zu kämpfen, um Recht und Gesetz in
ihrer Stadt wiederherzustellen. Das letzte Mal, dass die USA
sichtbar und eindeutig Entschlossenheit an den Tag legten,
war zur Zeit des Golfkriegs.

In den letzten Monaten des Jahres 1990, als die USA sich auf
einen militärischen Einsatz vorbereiteten, übertrugen die
internationalen Medien die Stimmen von Menschen aus der
arabischen Welt, die ihre Wut auf die Vereinigten Staaten zum
Ausdruck brachten und Saddam Hussein ewige Treue gelob-
ten. Als die Operation *Desert Storm* jedoch angelaufen war,
bekundeten dieselben Reporter und dieselben Interviewten
ihre Dankbarkeit gegenüber Amerika, seiner Entschlossenheit
und seinem Erfolg. Die Menschen auf dieser Erde werden der
Führungsmacht ihren Respekt nicht versagen, solange, aber
nur solange die USA es nicht an Entschlossenheit und Standhaftigkeit fehlen lassen. Unsere Maßnahmen müssen den Eindruck Lügen strafen, der sich in den letzten Jahren in der arabischen Welt und anderswo verbreitet hat, Amerika sei »die
Luft ausgegangen«.

Jetzt besteht die einmalige Chance, dem Krieg gegen den
Terrorismus angesichts des Charakters und Ausmaßes der Bedrohung, der praktisch jeder Staat auf der Welt ausgesetzt ist,
eine klare Zielrichtung vorzugeben.

Staat ist der Schlüsselbegriff und der Grundbaustein der internationalen Beziehungen. Das letzte Jahrzehnt war gekennzeichnet durch die wachsende Überzeugung, dass der souveräne Staat allmählich ausgedient habe, dass die Informationsrevolution, die internationale »Zivilgesellschaft«, die Globalisierung und andere unerbittliche Kräfte des Wandels den Staat zu einer überholten Institution gemacht hätten.

Der souveräne Staat, internationales Recht, Diplomatie, Verträge und Abkommen sind allesamt Institutionen, die aus den vergangenen drei bis vier Jahrhunderten auf uns überkommen sind. In den letzten drei oder vier Jahrzehnten waren sie alle enormen Belastungen ausgesetzt. Und doch ist der Staat nach wie vor die unverzichtbare Zentraleinheit des internationalen Lebens. Trotz all der kühnen Hoffnungen und klugen Theorien der vergangenen Jahre ist nichts in Sicht, was den Staat ersetzen könnte. Kein einziges auf der langen Liste von Problemen, die auf der Tagesordnung internationaler Gremien stehen – Klimawandel, Aids, Kriminalität, Umweltverschmutzung, Menschenrechtsverletzungen oder Turbulenzen in der Weltwirtschaft –, kann gelöst werden, solange sich nicht stabile und verantwortungsbewusste Staaten darauf einigen, diese Herausforderungen gemeinsam anzugehen.

Die Vereinigten Staaten müssen den arabischen Regimen zu der Einsicht verhelfen, dass sie ihren Verpflichtungen gegenüber ihrem Glauben und ihren Völkern am besten durch eine Verpflichtung auf die Institution des Staates gerecht werden können. Eine idealere Form der Regierung mag in der Theorie vorstellbar sein, realisierbar sind solche Ideen in der gegenwärtigen Epoche der Weltgeschichte aber nicht.

Terrorismus ist die äußerste Waffe der Gewalt gegen den Staat. Somit liefert der neue Krieg gegen den Terrorismus ein natürliches Bindemittel für die heutigen Staaten und das internationale Staatensystem, das bis ins siebzehnte Jahrhundert zurückreicht. Dieses System bleibt das Fundament für alles, was wir auf der globalen Ebene unternehmen. Nichtstaatliche

Organisationen oder andere potenzielle Konkurrenten des Staates können die Probleme der Welt nicht lösen.

Eine neu belebte Antiterrorpolitik, die staatsbezogen ist und entschieden auftritt, könnte uns der Lösung einiger der bislang hartnäckigsten Konflikte in der Welt näher bringen. An ihnen sind fast immer zwei Gruppen beteiligt, die nicht gemeinsam demselben Staat angehören wollen. Wenn der Terrorismus wirklich unterdrückt werden kann, wird sich die Angst, die Einigungen im Wege steht, auf ein Minimum reduzieren lassen. Es sind die terroristischen Waffen der IRA, die eine Integration von Ulster in den Staat Irland verhindern. Die neuen Beziehungen der Vereinigten Staaten zu Pakistan und Indien, erzwungen durch den Willen, dem Terrorismus ein Ende zu bereiten, lassen auf Fortschritte bei der Lösung der Kaschmirfrage hoffen. Diese und andere Konflikte werden nicht innerhalb kurzer Zeit und ohne Anstrengung beigelegt werden können, doch ein Sieg im Krieg gegen den Terrorismus könnte der Welt mehr Frieden und Stabilität bringen.

Alle führenden US-Politiker, angefangen beim Präsidenten, haben darauf hingewiesen, dass es Jahre dauern werde, bis der neue Krieg gegen den Terrorismus gewonnen ist. Doch der Feind hat seine eigenen schwachen Seiten, und viele unserer Stärken sind noch unversehrt. Die Herausforderung besteht darin, von ihnen in einer Weise Gebrauch zu machen, die nicht einfach nur heroisch, sondern auch strategisch richtig ist.

8.

Es wird dazu beitragen, moderne und irreführende Mythen über den Terrorismus und den Nahen Osten zu zerstören, wenn wir einen alten, lehrreichen Mythos wiederbeleben: Der Kampf gegen den Terrorismus lässt sich mit den zwölf Arbeiten des Herkules vergleichen – er erfordert Geduld, Seelenstärke und die Bereitschaft und Fähigkeit, verschiedenartige schwierige Aufgaben auf sich zu nehmen.

1. Die erste Arbeit, die Herkules verrichten sollte, war die Tötung des Nemeischen Löwen, ein riesiges Tier, dessen Fell gegen Waffen aus Stein, Bronze oder Eisen gefeit war. Da die modernsten Waffen seiner Zeit für ihn ohne Nutzen waren, blieb Herkules nichts anderes übrig, als das Tier mit seinen bloßen Körperkräften niederzuringen und zu erwürgen. Unsere technische Überlegenheit ist ein unschätzbarer Vorteil, doch letztlich gibt es in der Nachrichtenbeschaffung und im Kampf keinen Ersatz für das menschliche Gehirn.

2. Als zweite Arbeit sollte Herkules die Lernäische Hydra töten, doch jedes Mal, wenn er eines ihrer zahlreichen Häupter, mit denen sie tödliches Gift in die Luft blies, mit der Keule zerschmettert hatte, wuchsen ihr zwei oder noch mehr Köpfe nach. Erst indem er seinen Atem anhielt und die Stümpfe der abgeschlagenen Häupter mit brennenden Zweigen versengte, konnte Herkules das Ungeheuer vernichten. Wir müssen uns gegen Anschläge mit biologischen und chemischen Kampfstoffen wappnen, während wir gleichzeitig den Terrorismus an der Wurzel packen.

3. Zum Dritten sollte Herkules die Kerynäische Hirschkuh einfangen, ohne sie zu verletzen, und lebend nach Mykene bringen. Das Tier [es war nicht klein, sondern so groß wie ein Bulle] war der Göttin Artemis geweiht, die Herkules grollte und erst von der Notwendigkeit dieser Arbeit überzeugt werden musste, bevor sie wieder besänftigt war. Sorgfältige und kontinuierliche diplomatische Bemühungen werden erforderlich sein, um während des langen Verlaufs dieses Krieges die anhaltende Unterstützung anderer Staaten für den amerikanischen Einsatz zu gewinnen.

4. Danach sollte Herkules den bösartigen Erymanthischen Eber, der das Land verwüstete, lebend einfangen. Zu diesem Zweck trieb er ihn erst in ein Dickicht und dann in eine tiefe Schneewehe, wo das Tier seine Kraft nicht entfalten konnte. Manchmal sind andere Methoden als die Anwendung schierer Kraft notwendig, weil sie eher zum Ziel führen.

5. Der Schmutz in den Viehställen des Augias hatte sich über Jahre hinweg angesammelt und verbreitete auf der ganzen Peloponnes einen bestialischen Gestank. Der Mann, der Herkules diese Arbeit aufgegeben hatte, glaubte, dieser werde den Mist in Körben auf seinen Schultern wegtragen, doch Herkules leitete zwei Flüsse in der Nähe so um, dass sie durch die Ställe flossen und den ganzen Mist wegschwemmten. Wir können daraus die Lehre ziehen, dass zur Lösung mancher Aufgaben der gemeinsame Druck vieler Staaten nötig sein wird.

6. Eine mörderische Schar Vögel hatte ihr Revier in den Stymphalischen Sümpfen. Immer wieder töteten sie mit ihren bronzenen Schnäbeln Männer der Umgebung und vernichteten die Ernten mit ihrem giftigen Auswurf. Ebenso wie Herkules müssen wir den Sumpf austrocknen, in dem die Terroristen gedeihen, und sie ins Offene treiben, wo sie getötet oder gefangengenommen werden können. [Herkules hat diese Sümpfe nicht trocken gelegt; er erschreckte die Vögel mit einer lauten Bronzeklapper, so dass sie in die Luft aufstiegen und er sie mit Pfeil und Bogen erlegen konnte.]

7. Als siebte Arbeit musste Herkules den Kretischen Stier einfangen. Nach langem Kampf brachte er ihn nach Mykene zu seinem Auftraggeber, der das Tier jedoch freisetzte und der Göttin Hera weihte. [Es war nicht Hera, die dem Tier die Freiheit schenkte.] Die von legitimen Regierungen erlassenen Gesetze und der Rechtsweg müssen eingehalten werden.

8. Der thrakische König Diomedes hatte vier wilde Stuten, die mit dem Fleisch argloser Besucher des Königs gefüttert wurden. Diese sollte Herkules nach Mykene bringen. Er ergriff den König und warf ihn den Stuten zum Fraß vor, worauf diese wieder zahm wurden. Wer den Terroristen Unterschlupf gewährt, muss wissen, dass auch er dem Terror zum Opfer fallen wird.

9. Die neunte Arbeit des Herkules bestand darin, seinem Auftraggeber Eurystheus das Wehrgehenk der Amazonenkö-

nigin Hippolyte zu bringen. Es kam zu einem langen Kampf
zwischen den Amazonen und Herkules mit seinen Gefährten.
Als Hippolyte von ihrem Pferd abgeworfen wurde, stand Herkules über ihr mit der Keule in der Hand und bot ihr an, sie
zu schonen, doch sie wollte lieber sterben, als sich ergeben.
Wer Kriegshandlungen begeht, wird bekriegt werden, bis
er sich ergibt oder stirbt.

10. Als zehnte Arbeit schaffte Herkules die Rinder des
Geryon von einer Insel vor der Küste Spaniens auf die Peloponnes, ohne – so lautete der Auftrag – jemanden zu be-
stechen oder zu bedrohen. Die Ziele des Krieges gegen den
Terrorismus können erreicht werden, ohne dabei gegen fun-
damentale Prinzipien zu verstoßen.

11. Nachdem Herkules diese zehn Arbeiten verrichtet hatte, wofür er mehrere Jahre brauchte, trug Eurystheus ihm
noch zwei weitere Arbeiten auf. Zunächst sollte er die golde-
nen Äpfel der Hesperiden rauben, die von einem Drachen
bewacht wurden. Auf den Rat des Seegottes Nereus bat Herkules den Riesen Atlas, ihm die Äpfel zu holen, er werde während dieser Zeit die Weltkugel tragen. Wir können den Krieg
gegen den Terrorismus nicht allein führen. Wir werden die
Hilfe anderer benötigen und werden denen helfen müssen,
die uns geholfen haben.

12. Als letzte und schwierigste Arbeit sollte Herkules Ker-
beros, den Höllenhund, aus dem Hades heraufbringen. Als er
diesen an der Kehle packte, entsprangen dieser drei Schlan-
genköpfe, und der stachlige Schwanz flog zum Schlag in die
Höhe, doch Herkules wurde durch ein Löwenfell geschützt.
Wenn Terroristen Passagierflugzeuge zu riesigen Marschflugkörpern machen können, was würde geschehen, wenn sie
die Kontrolle über die Kernwaffen und Raketen Pakistans
hätten? Ein Raketenabwehrsystem ist unverzichtbar, nicht
nur für die nationale Verteidigung, sondern auch, um den
USA ein offensives Vorgehen zu ermöglichen.

Zusammenprall der Zivilisationen oder »verrückte Mullahs«.
Die Vereinigten Staaten als imperiale Macht

Niall Ferguson

I.

Am 30. Juli 1914 griff der deutsche Kaiser Wilhelm II., dem die Erkenntnis dämmerte, dass England Deutschland den Krieg erklären würde, eine Idee auf, mit der er selten in Verbindung gebracht wird – den Dschihad. In einer Randnotiz zu einem Telegramm von Albert Graf von Pourtalès, dem deutschen Botschafter in St. Petersburg, vom 30. Juli 1914 schrieb er: »Und unsere Consuln in Türkei und Indien, Agenten etc. müssten die ganze Mohammedanische Welt gegen dieses verhasste, verlogene, gewissenlose Krämervolk zum wilden Aufstande entflammen; denn wenn wir uns verbluten sollen, dann soll England wenigstens Indien verlieren.«

Die Idee, der Erste Weltkrieg sei ein heiliger Krieg gegen das britische Empire gewesen, erscheint uns heute absurd. Damals regte sie immerhin einen der unwahrscheinlichsten Romane der Kriegszeit an, John Buchans *Grünmantel* (1916), und jüngere Forschungen haben ergeben, dass die Deutschen während des Krieges tatsächlich versuchten, »die ganze mohammedanische Welt zu entflammen«. Dreieinhalb Monate nach der zitierten Notiz verkündete Scheich ül-Islam in Anwesenheit des neuen Verbündeten Deutschlands, des osmanischen Sultans, ein Fatwa, in dem der heilige Krieg gegen England und seine Verbündeten verkündet wurde. Das Gutachten, das sich sowohl an die schiitischen als auch an die sunnitischen Muslime wandte, wurde sogleich ins Arabische, Persische, Tatarische und Urdu übersetzt. Da sich rund hundertzwanzig der damals zweihundertsiebzig Millionen Muslime auf der Erde unter englischer, französischer oder russischer Herrschaft befanden, war das durchaus ein potenziell revolutionärer Ruf zu den Waffen.

Die Rede von einem »Dritten Weltkrieg« in den Wochen nach dem 11. September 2001 hat all dies wieder in Erinnerung gebracht. Das Gleiche gilt für die allgemeine Wertschätzung, die Samuel Huntington zuteil wurde, weil er sich mit seinem 1993 erschienenen Buch über den *Kampf der Kulturen (The Clash of Civilizations)* als weitsichtiger Prophet erwiesen hat.

In Zeiten der Krise erwartet man von Historikern aufschlussreiche Parallelen zu Krisen in der Vergangenheit. In den Nachwehen des 11. September waren jedoch nicht alle in der Lage, diesem Wunsch nachzukommen. So räumte der renommierte englische Militärhistoriker John Keegan im Londoner *Spectator* fast eine Niederlage ein:

>»Während des Falkland- und des Golfkriegs konnte ich aushelfen. Die Geschichte lieferte Hinweise aller Art, was passieren und wie die Sache ausgehen würde. Den Bösen unterliefen die altbekannten Fehler. Man konnte mit einiger Bestimmtheit etwas darüber sagen, was sie falsch machen und warum wir gewinnen würden. Diesmal muss ich jedoch passen. Nicht einmal die Mongolen – so ziemlich die übelsten Feinde, gegen welche die Zivilisation jemals antreten musste – haben den Krieg so weit getrieben, sich selbst umzubringen, um andere zu töten.«

Doch diese Kapitulation ist etwas vorschnell. Denn der deutsche »heilige« Krieg ist nur eine von vielen Episoden der Vergangenheit, die dazu beitragen können, die Gegenwart zu erhellen. Noch weniger bekannt, aber ebenso relevant für die gegenwärtige Situation ist die Tatsache, dass die Deutschen im Ersten Weltkrieg versuchten, Milzbrandbakterien einzusetzen, und Agenten ins Ausland schickten, die Rinder und Pferde infizieren sollten, die für den Export nach England bestimmt waren. Was die von Keegan erwähnten extremen

Feinde angeht, die »sich selbst umbringen, um andere zu töten«, so ist dies auch eine zutreffende Beschreibung der fünftausend japanischen Piloten, die 1944/45 Kamikaze-Einsätze
flogen.

Bei näherem Hinsehen gibt es für fast alle Elemente der
Anschläge vom 11. September Präzedenzfälle; das einzig
wirklich Neue ist die Kombination dieser Aspekte. Man be-
trachte nur einmal den Mechanismus der Operation. Abgesehen vom Selbstmordcharakter war es zunächst einmal eine
mehrfache Flugzeugentführung, und Luftpiraterie ist gewiss
nichts Neues. Seit den späten sechziger Jahren des vorigen
Jahrhunderts, als diese Taktik von der Palästinensischen Befreiungsorganisation (PLO) und ihren Sympathisanten erst-
mals systematisch angewandt wurde, hat es mehr als fünfhundert Flugzeugentführungen gegeben. Desgleichen ist die
zerstörerische Wirkung von Flugzeugen, die zwei so hohe
Bürotürme wie die des World Trade Center rammen, weitgehend mit der eines »erfolgreichen« Bombenangriffs auf ein
dicht besiedeltes Stadtviertel vergleichbar, und solche Luftangriffe auf Großstädte sind seit dem Zweiten Weltkrieg ein
wichtiges Mittel der Kriegführung, dessen sich auch die
NATO 1999 im Krieg gegen Restjugoslawien bedient hat.
Selbst die Art und Weise, wie die modernen Medien die übrige Welt über die Anschläge in New York und Washington
informierten, hat Parallelen in der Vergangenheit. Während
der Luftangriffe auf London 1940 berichtete Ed Murrow, der
Leiter des CBS-Büros in London, Zehntausenden von US-
amerikanischen Hörern über seine Eindrücke. »Sie ließen
London in unseren Wohnzimmern brennen«, schrieb der
Dichter Archibald MacLeish über Murrows Reportagen,
»und wir spürten die Flammen.«

Es liegt nahe zu sagen, am 11. September hätten die Amerikaner zum ersten Mal selbst »die Flammen gespürt«. Die
USA hatten bis zu diesem Tag kaum direkte Erfahrungen mit
dem internationalen Terrorismus. Nach den veröffentlichten

Zahlen des US-Außenministeriums verübte der internationale Terrorismus zwischen 1995 und 2000 2129 Anschläge, von denen sich gerade einmal fünfzehn in Nordamerika ereigneten, die lediglich sieben Opfer forderten. Dagegen waren US-Bürger im Ausland seit längerem zahlreichen Terroranschlägen ausgesetzt: Im Lauf der letzten fünf Jahre wurden außerhalb der USA siebzig Amerikaner bei terroristischen Anschlägen getötet und sechshunderteinundfünfzig verletzt. Und vor sechs Jahren führte der Terrorakt eines US-Bürgers im eigenen Land – der Sprengstoffanschlag von Oklahoma – den Amerikanern auf dramatische Weise das zerstörerische Potenzial der Terrorismus in Großstädten vor Augen.

Doch wie stand es mit den Motiven? War es nicht eigenartig, dass diejenigen, die für die Anschläge verantwortlich waren, anschließend keine konkreten Forderungen stellten? Wohl kaum. Die Leser von Josef Conrads Roman *Der Geheimagent* werden sich an die Worte des düsteren slawischen Diplomaten Vladimir erinnern, des subversiven Drahtziehers, der eine Reihe von Gewalttaten in England plant, unter anderem einen Anschlag auf die Sternwarte von Greenwich. »Diese Gewalttaten«, erklärt er dem von ihm ausersehenen Attentäter, dem unglücklichen Verloc, »sollten hinreichend alarmierend sein – wirkungsvoll eben. Sie könnten sich gegen ein Gebäude richten, beispielsweise ...« Dem Überfall müsse »die ganze haarsträubende Sinnlosigkeit einer willkürlichen Gotteslästerung eignen«. Wahnsinn allein sei »das wahre Schrecknis, weil er nicht zu besänftigen ist«. Kurz, es muss eine symbolische Handlung sein, die für sich selbst spricht. »Was ist der Fetisch unserer Tage, dem die Bourgeoisie huldigt – nun, was, Mr. Verloc?«, fragt Vladimir. Vor hundert Jahren war dieser Fetisch die Wissenschaft – daher Vladimirs Entscheidung für die Sternwarte als Ziel des Anschlags. Heute ist es die Globalisierung der Wirtschaft, und das Ziel war demgemäß das World Trade Center.

Conrad hatte nicht etwa seiner Einbildungskraft freien Lauf

gelassen. Der anarchistische Terrorismus, der ihn inspiriert hatte, war Realität. Männer wie der russische Anarchist Sergej Netschajew hatten seit den sechziger Jahren des 19. Jahrhunderts eine Lehre des Terrors gepredigt, in der Gewalt – theoretisch ein Mittel, um »die Revolution« voranzutreiben – fast zum Selbstzweck wurde. In seinem *Katechismus eines Revolutionärs* hatte er grimmig erklärt: »Wir kennen keine andere Tätigkeit als das Werk der Vernichtung.« Was seine Taktik angeht, hat Osama bin Laden den russischen Nihilisten und Narodniki des 19. Jahrhunderts mehr zu verdanken als der CIA.

Dem nahe liegenden Einwand, es gebe einen tief reichenden Unterschied zwischen dem Nihilismus der Zeit vor 1900 und dem heutigen islamischen Fundamentalismus, wie bin Laden und seine Organisation al-Qaida ihn vertreten, sollte man nicht zu viel Gewicht beimessen. Eine der Gefahren von Huntingtons These vom Zusammenprall der Kulturen liegt darin, dass sie die Homogenität des Islam als Weltreligion übertreibt. Es wäre vermutlich erfolgversprechender, al-Qaida als extremistischen Flügel einer politischen Religion zu betrachten. Diesen Begriff hat der Historiker Michael Burleigh jüngst in seinem Buch *Die Zeit des Nationalsozialismus* in erhellender Weise benutzt, um das Wesen des Nationalsozialismus zu erfassen. Definitionsmerkmale einer politischen Religion sind die Verfolgung weltlicher Ziele – beispielsweise die Vertreibung der USA aus Saudi-Arabien oder die Vernichtung des Staates Israel – durch eine messianische Führung und die Indoktrinierung der Massen. In dieser Hinsicht hat al-Qaida mehr mit anderen extremistischen Organisationen, einschließlich solcher aus völlig anderen kulturellen Milieus, gemeinsam als mit dem »Mainstream«-Islam weitgehend säkularisierter Staaten wie der Türkei oder Marokko oder gar mit den Gemeinschaften muslimischer Immigranten im Westen.

Damit will ich nicht sagen, was einige linke Autoren sogleich behauptet haben, dass nämlich al-Qaida oder das Taliban-regime einen »Islamo-Faschismus« verkörperten (ein Begriff, der zuerst von Christopher Hitchens in *The National* gebraucht wurde). Die faschistischen Bewegungen der zwanziger und dreißiger Jahre des vorigen Jahrhunderts hatten niemals eine besondere Vorliebe für den Terrorismus; sie zogen es vor, die Herrschaft über bestehende Nationalstaaten zu erobern und mit konventionellen Streitkräften Krieg zu führen. »Islamo-Nihilismus« würde den Sachverhalt eher treffen, vielleicht auch »Islamo-Bolschewismus«, denn man sollte nicht vergessen, dass Lenin und Stalin anfangs ebenfalls Terroristen in der Tradition Netschajews waren. Überhaupt besteht mehr als nur eine flüchtige Ähnlichkeit zwischen dem »Erbadligen Uljanow«, wie der junge Lenin sich zu nennen pflegte, während er in schmuddeligen schweizerischen Hotels seine Pläne für den Sturz des Zarismus schmiedete, und dem abtrünnigen saudiarabischen Millionär, der von einer afghanischen Höhle aus sein Zerstörungswerk dirigierte.

Ebenso wenig sollte man vergessen, dass »die westliche Zivilisation« – womit Huntington vermutlich die besondere protestantisch-deistisch-katholisch-jüdische Mischung meint, die den Mutterboden des heutigen öffentlichen Lebens in den Vereinigten Staaten bildet – gleichfalls politische Religionen hervorgebracht hat, die nicht weniger intolerant und blutrünstig waren als der Islamo-Bolschewismus von heute. Es mag nicht besonders taktvoll sein, dies gerade zum gegenwärtigen Zeitpunkt auszusprechen, doch die amerikanischen Gründungsväter waren selbst das Produkt eines militanten Puritanismus, der in England in den Jahren nach 1640 einen brutalen Revolutionskrieg führte. Vor dem 11. September beklagten Kritiker des Talibanregimes dessen Frauenfeindlichkeit, Ikonoklasmus und blutiges Strafrecht. Doch das Westeuropa des 17. Jahrhunderts – die Wiege der von Huntington gepriesenen westlichen Zivilisation – war eine Brutstätte von Hexenverbrennungen und Altarschändungen und der öffentlichen Ausweidung von Menschen. Vermutlich war die amerikanische Revolution ebenso sehr ein Produkt der westlichen Zivilisation wie ihr Gegenstück in Frankreich, das dem Wort »Terror« seine neuzeitliche politische Bedeutung gegeben hat.

2.

Wie verhält es sich nun mit dem Ziel des gegenwärtigen Kriegs? Liefert die Geschichte Parallelen zu der Lage, in der sich die Vereinigten Staaten heute befinden? Es gibt mehrere solcher Parallelen – vorausgesetzt, man erkennt an, dass die USA ein voll entwickeltes und in mancher Hinsicht dekadentes Empire sind.

In seiner *Geschichte des Verfalls und Untergangs des Römischen Reichs* hat Edward Gibbon zwei Konfrontationen zwischen einem solchen Imperium und einer neuen politischen Religion geschildert. Im berühmten (und einst berüchtigten) fünfzehnten Kapitel stellte er das Frühchristentum als radikale Sekte dar, welche die Macht des bereits im Niedergang befindlichen Römischen Reichs untergrub. Im weniger bekannten fünfzigsten Kapitel zeichnete er ein ähnliches Bild von der Rolle des frühen Islam beim Sturz von Byzanz. Eine weitere, jüngere Parallele, die sich anbietet, ist das Habsburger Reich zur Zeit Karls V. und seiner Nachfolger, die gegen den neuen Fundamentalismus der Reformation ankämpften, seit Luther 1517 seine fünfundneunzig Thesen veröffentlicht hatte.

Diese Parallelen verführen jedoch möglicherweise dazu, die Bedrohung, die vom heutigen Islamo-Bolschewismus ausgeht, zu überschätzen und die Fähigkeit der Vereinigten Staaten, sich zu verteidigen, zu unterschätzen. Ein nutzbringender Vergleich ist in dieser Hinsicht der mit einem anderen Imperium, das sich vor ziemlich genau hundert Jahren auf dem Höhepunkt seiner Macht befand oder diesen gerade überschritten hatte: dem britischen Weltreich. Die Parallele ist natürlich nicht vollkommen, aber sie verhilft zu gewissen Einsichten in das, was die Welt zu gewärtigen hat.

Zugegeben, niemand wäre heute noch so dummdreist, die Besetzung und Beherrschung Afghanistans als »die Bürde des weißen Mannes« zu bezeichnen. Selbst der britische Premierminister Tony Blair hat in seiner messianischen Rede vor dem Parteitag der Labour Party am 3. Oktober unverfänglich von »Partnerschaft« gesprochen, von der »Politik der Globalisierung« und der »Neuordnung der Welt«. Doch der Inhalt der Rede war Kipling pur, wenn auch im Interesse seiner durch und durch antiimperialistischen Zuhörer in eine politisch korrekte Sprache übersetzt. Tatsächlich ging der neue Imperialismus dem Krieg in Afghanistan um einige Jahre voraus. Ein Präzedenzfall wurde auf dem Balkan geschaffen, der in der Aufregung um diesen neuen Konflikt fast in Vergessenheit geraten ist. Erst vor sechs Jahren, 1995, hat der Westen interveniert, um den Krieg in Bosnien zu beenden. Vor zwei Jahren folgte die zweite Intervention, um die »ethnischen Säuberungen« im Kosovo zu beenden. Heute, im Anschluss an die Militäraktionen, werden Bosnien und der Kosovo faktisch als Kolonien verwaltet: von internationalen Organisationen unterstützt von – im Fall des Kosovo rund fünfzigtausend – amerikanischen und europäischen NATO-Soldaten. Und das sind nicht die einzigen »Neokolonien«. Daneben gibt es ein regelrechtes UN-Protektorat auf Osttimor, und auch die Stabilität von Sierra Leone hängt weiterhin von der Anwesenheit des kleinen, aber höchst effektiven britischen Truppenkontingents ab, das dort seit Mai 2000 stationiert ist. Überhaupt war eines der unwirklichsten Bilder vom neuen Millennium das einer Menge in Freetown, die der (Wieder-)Errichtung britischer Herrschaft zujubelte.

Wenn man Tony Blair glauben will, hat das alles nichts mit Imperialismus zu tun, weil der Westen in diesen Ländern nicht präsent ist, um sie wirtschaftlich auszubeuten (wie in den schlimmen alten Tagen), sondern um sie daran zu hindern, Terroristen zu beherbergen oder ihre Nachbarn zu bedrohen. Laut Blair bringen wir diesen Ländern Freiheit und Demokratie. Doch damit nicht genug. Wir leisten ihnen Hilfe, erlassen ihnen ihre Schulden, »helfen ihnen mit einer guten Regierungsform und Infrastruktur«, unterweisen ihre Soldaten in »Konfliktlösung« und regen Investitionen und den Export auf die westlichen Märkte an. Als Gegenleistung sollen sie lediglich ihre »schlechte Regierung« und die »Missachtung der Menschenrechte« aufgeben. Was könnte vernünftiger oder, genauer gesagt, altruistischer sein?

Zwei Dinge daran sind bemerkenswert. Erstens hat es offensichtlich etwas zutiefst Paradoxes an sich, einem Land Freiheit und Demokratie *aufzunötigen*. Zweitens ist der von Blair beschriebene »Deal« keineswegs eine *neue* Form des Kolonialismus. Vielmehr entspricht er fast wörtlich dem, was die spätviktorianische Generation britischer Imperialisten über ihr Vorgehen gesagt hat. Tatsächlich besteht darin die Kernaussage von Kiplings Gedicht über die »Bürde des weißen Mannes«.

Obwohl die Ursprünge des britischen Weltreichs zweifellos im mehr oder minder uneingeschränkten Profitstreben lagen, hatte das britische Empire bis zum 19. Jahrhundert eine Rhetorik der hohen Gesinnung entwickelt, die von Tony Blair und den übrigen Antiimperialisten nachgebetet wird, ohne dass sie sich dessen bewusst sind. Als die Engländer beispielsweise in den beiden letzten Jahrzehnten des 19. Jahrhunderts gegen den Sudan in den Krieg zogen, stand für sie außer Frage, dass sie in diesem, wie wir heute sagen würden, »Schurkenstaat« die Werte der Zivilisation durchsetzten. Der Mahdi war in vieler Hinsicht ein viktorianischer Osama bin Laden, ein abtrünniger islamischer Fundamentalist, dessen Mord an General Gordon im Januar 1885 dem Anschlag vom 11. September 2001 entsprach. Desgleichen war die Schlacht von Omdurman 1898 – in der Kitcheners Maxim-Maschinengewehre zehntausend Anhänger des Mahdis niedermähten – das Modell für jene Kriege, welche die Vereinigten Staaten seit 1990 von Kuwait bis Afghanistan geführt haben.

Doch damit sind die Parallelen noch nicht erschöpft. So wie die US-Luftwaffe 1999 Serbien im Namen der Menschenrechte bombardierte, führte die britische Marine in den Jahren nach 1840 Strafexpeditionen durch und bedrohte sogar Brasilien im Rahmen einer höchst moralistischen Kampagne zur Beendigung des Sklavenhandels. Und wenn der heutige britische Premierminister seinen »ethischen Imperialismus« damit schmackhaft macht, dass er denjenigen, denen er zugute kommen soll, Hilfe, eine gute Regierungsform und den Ausbau der Infrastruktur verspricht – nicht zu reden von militärischer Ausbildung –, dann greift er damit nur die Argumente auf, mit denen sein liberaler Vorgänger William Gladstone 1881 die militärische Besetzung Ägyptens rechtfertigte. Selbst unsere heutige Verachtung für die Behandlung der Frauen durch das Talibanregime erinnert daran, wie englische Verwaltungsbeamte in Indien bemüht waren, die Sitte der Witwenverbrennung und der Tötung neu geborener Mädchen auszumerzen.

Welche Lehren können die Vereinigten Staaten heute aus den britischen Erfahrungen mit dem Empire ziehen? Vor allem die, dass die erfolgreichste Wirtschaftsnation der Welt – die England während des größten Teils des 18. und 19. Jahrhunderts war – viele Möglichkeiten besitzt, technisch weniger entwickelten Gesellschaften ihre Werte aufzuzwingen. Es ist keineswegs überraschend, dass Großbritannien in der Lage war, ein Viertel der Weltbevölkerung und der Festlandmasse der Erde – und fast alle Meere – zu beherrschen, ohne ein besonders hohes Militärbudget zu haben. Zwischen 1870 und 1913 betrugen die britischen Militärausgaben im Durchschnitt nur 3,1 Prozent des Nettosozialprodukts; vor diesem Zeitraum hatten sie sogar noch unter diesem Wert gelegen. Das alles vor dem Hintergrund, dass England in der Regierungszeit Königin Viktorias zweiundsiebzig Feldzüge führte – während der Periode der so genannten Pax Britannica jedes Jahr mindestens einen.

Dieses Geld war gut angelegt. Gewiss trifft es zu, dass offene internationale Märkte dem Imperialismus theoretisch vorzuziehen gewesen wären, doch in der Praxis hat es einen globalen freien Handel, der sich quasi naturwüchsig entwickelt hätte, nie gegeben. Der englische Wirtschaftshistoriker Patrick O'Brien hat behauptet, England hätte sich ab etwa 1846 ohne Einbuße von seinem Empire trennen und eine »Entkolonialisierungsprämie« in Form einer Steuerkürzung um fünfundzwanzig Prozent ausschütten können. Doch die Bedrohung der britischen Vormachtstellung durch protektionistische Rivalen war im ausgehenden 19. und im 20. Jahrhundert größer als in jeder früheren Periode, und die Aufgabe der formellen Herrschaft über die Kolonien hätte wahrscheinlich zur Folge gehabt, dass diese Länder Importe aus England mit hohen Zöllen belegt und andere Handelsschranken eingeführt hätten. Diese Behauptung ist keineswegs rein hypothetischer Natur, denn sie stützt sich auf die höchst protektionistische Wirtschaftspolitik, welche die Vereinigten Staaten und Indien nach der Erlangung ihrer Unabhängigkeit betrieben, sowie auf die Tatsache, dass Englands imperiale Rivalen – Frankreich, Deutschland und Russland – zwischen 1878 und 1914 Schutzzölle verhängten. Englands Militärbudget vor dem Ersten Weltkrieg lässt sich somit als eine bemerkenswert niedrige wirtschaftliche Versicherungsprämie gegen den internationalen Protektionismus interpretieren. Der wirtschaftliche Nutzen der zwangsweisen Durchsetzung des Freihandels hat möglicherweise bis zu 6,5 Prozent des Bruttosozialprodukts betragen. Kurzum, das Empire warf einen realen Gewinn ab.

Die USA sind heute im Vergleich mit dem Rest der Welt weitaus wohlhabender, als England es jemals gewesen ist. Während der Anteil Englands an der gesamten Weltproduktion 1913 8,3 Prozent betrug, lag derjenige der USA 1998 bei 21,9 Prozent. Auch kann nicht behauptet werden, die Kosten der Expansion des amerikanischen Empires – zumindest in fiskalischer Hinsicht und trotz zahlreicher kleiner Kriege wie dem gegenwärtigen – seien exorbitant hoch. Im Jahr 2000 beliefen sich die Verteidigungsausgaben der USA auf nicht mehr als 2,9 Prozent des Bruttosozialprodukts, also weit weniger als im Durchschnitt der Jahre 1948 bis 1998, als sie bei 6,8 Prozent lagen.

Meine Hypothese zielt, anders ausgedrückt, auf eine politische Globalisierung, wobei die Vereinigten Staaten »die Bürde des weißen Mannes« auf sich nehmen, so wie es einst das spätviktorianische England getan hat. Damit ist jedenfalls zu rechnen, sofern die Geschichte sich wiederholt. Wie heute die USA hatte England ursprünglich nicht die Absicht, über fünfundzwanzig Prozent der Landmasse und einen Großteil der Meere der Erde zu herrschen. Ähnlich wie das amerikanische »Empire« nach 1945 entwickelte sich das britische aus einem Netz aus Küstenstützpunkten und wirtschaftlichen Einflusssphären. Reale und vermeintliche Bedrohungen von Handelsinteressen verleiteten England jedoch dazu, das informelle in ein formelles Empire zu überführen, so dass 1901 ein Großteil der Weltkarte im imperialen Rosa gefärbt war.

Es ist zu bezweifeln, dass die Vereinigten Staaten einen ähnlichen Prozess in Gang setzen werden. Bei genauerem Hinsehen sind die Stärken Amerikas möglicherweise nicht die einer genuinen imperialen Vormacht. Zum einen beruhte die imperiale Macht Englands auf dem massiven Export von Kapital und Menschen, während die USA seit 1972 Nettoimporteur von Kapital sind (im Jahr 2000 in der Größenordnung von fünfzehn Prozent des Bruttosozialprodukts) und selbst keine kolonialen Emigranten hervorbringen, obwohl sie weiterhin das bevorzugte Ziel von Einwanderern aus aller Welt sind. Zum anderen konnte England sich auf dem Gipfel seiner Macht auf eine ungeniert imperialistische Kultur stützen, die bis auf die elisabethanische Periode zurückging, während die USA – die nicht in einem Krieg gegen die Sklaverei geboren wurden (wie Blair in seiner Parteitagsrede behauptet hat), sondern in einem Krieg gegen das britische Empire – die Rolle des Herrschers über andere Völker stets nur widerstrebend ausfüllen werden. 1913 fand zwischen dem britischen Außenminister, Sir Edward Grey, und dem amerikanischen Botschafter in London, Walter Page, aus Anlass eines Putschs, der kurz zuvor in Mexiko stattgefunden hatte, ein vielsagendes Gespräch über dieses Thema statt:

> »Angenommen, Sie müssen intervenieren, was dann?«, fragte Grey.
> »Wir müssen sie dazu bringen, dass sie wählen und das Ergebnis respektieren.«
> »Aber wenn sie sich nicht daran halten?«
> »Dann kommen wir zurück und sorgen dafür, dass sie noch einmal wählen.«
> »Und immer so weiter, zweihundert Jahre lang?«, fragte Grey.
> »Ja«, erwiderte der Botschafter, »die Vereinigten Staaten ... können für diese kurze Zeitspanne immer wieder Menschen erschießen, bis sie gelernt haben, zu wählen und sich selbst zu regieren.«

Man könnte sagen, dies sei schon allzu lange das immer wieder hervortretende Schema der amerikanischen Außenpolitik: Ein paar Bomben werfen, einmarschieren, Wahlen abhalten und wieder abziehen – bis zur nächsten Krise. Haiti ist hierfür das klassische Beispiel, und es besteht die Gefahr, dass dieses Muster auch in Afghanistan Anwendung finden wird. Da die Vereinigten Staaten sich so sehr dagegen sträuben, ein fremdes Territorium direkt zu regieren, werden sie wahrscheinlich in aller Eile ein vermeintlich demokratisches Regime installieren und darauf ebenso eilig, wenn auch mit weniger Würde zum Ausgang hasten. Im Kosovo wäre dies bereits passiert, wenn nicht allen Beteiligten klar wäre, dass die Albaner die Serben abschlachten würden, sobald die westlichen Truppen das Land verlassen hätten.

Es ist erst wenige Monate her, dass viele amerikanische Sicherheitsexperten die US-Regierung gedrängt haben, das Engagement im Ausland abzubauen statt zu verstärken. Tatsächlich hinterließen die ersten Erklärungen von Präsident Bushs nationaler Sicherheitsberaterin Condoleezza Rice und seines Außenministers Colin Powell den Eindruck, die neue Regierung beabsichtige, den Einsatz von US-Truppen im Ausland zu reduzieren. Mit Powells Worten: »Die Lage unserer Streitkräfte ist personell ziemlich angespannt, und es gibt in Bezug auf die Zahl der Einsätze, die wir verkraften können, eine Grenze.« Das ist kaum die Sprache des Neokolonialismus.

3.

Wenn meine Hypothese die politische Globalisierung ist, dann ist deren Antithese die Zersplitterung – die *De*globalisierung, wenn man so will. Zweifelsohne besteht die Gefahr eines politischen Rückschlags gegen die Globalisierung. Harold James hat in seinem Buch *The End of Globalization* unlängst behauptet, was in den dreißiger Jahren des vorigen Jahrhunderts passiert sei – als die freie Bewegung von Kapital, Waren und Arbeitskräften fast völlig zum Erliegen kam –, könne sich wiederholen. Wie James zeigt, lässt sich die Depression nach 1929 als Reaktion auf die Phase der Globalisierung vor 1914 auffassen. Schon vor dem Ersten Weltkrieg hatten einige Länder ihre Zölle erhöht und Einwanderungsbeschränkungen erlassen. In den zwanziger Jahren geriet dann das System des Freihandels und der internationalen Währungsintegration (der Goldstandard) in Verruf, und mit ihm die noch in den Kinderschuhen steckenden Institutionen des politischen »Internationalismus«, die nach dem Krieg ins Leben gerufen worden waren. Und niemand schlug aus dieser fehlgeschlagenen Globalisierung mehr Kapital als Hitler. Während des Wahlkampfs im Juli 1932 stellte er den deutschen Wählern eine aufschlussreiche Frage: »So viel Internationales gibt es, so viel Weltgewissen gibt es, gibt Kontrakte, gibt den Völkerbund, die Abrüstungskonferenz, gibt Moskau, gibt eine zweite Internationale, gibt eine dritte Internationale – und was ist dabei für Deutschland herausgekommen?« Gebracht hat es am Ende Hitler selbst.

Die Wahrscheinlichkeit eines vollständigen Abbruchs der globalen Wirtschaftsbeziehungen erscheint heute jedoch geringer als am Vorabend der Depression nach 1929. Gewiss, die Weltwirtschaft hatte bereits vor dem 11. September 2001 an Schwung verloren, da der lange Boom der Clinton-Ära allmählich zu Ende ging. Das »neue ökonomische Paradigma« war tot, das Produktivitätswunder mit ihm begraben, und auf ihren Gräbern tanzte der Krisenzyklus. In den Tagen und Wochen unmittelbar nach den Anschlägen mussten die Anleger die Zähne zusammenbeißen: Die Börsenkurse gingen in den Keller; der Dow-Jones-Index sackte um mehr als vierzig Prozent unter den Höchststand vom Januar 2001. Aber bislang war der Verfall der übertrieben hohen Börsenkurse vom Ende der neunziger Jahre im Vergleich zu dem Absturz der Aktienkurse in den zwanziger Jahren harmlos. Um einen Begriff von den Größenordnungen zu geben: Ein Crash von den Ausmaßen der Jahre 1929–1932 würde den Dow Jones von 11723 Punkten, seinem Höchststand vom Januar 2001, bis zum November 2002 auf etwa 1266 Punkte zusammenschmelzen lassen. Im Oktober 2001 stand er jedoch bei 9163 Punkten. Als Alan Greenspan sein Wort vom »irrationalen Exzess« prägte, war er »nur« auf 6473 Punkte gefallen.

Es gibt drei Gründe für die optimistische Annahme, dass uns eine zweite Depression vom Ausmaß derjenigen von 1929–1932 erspart bleibt. Erstens ist die Struktur des amerikanischen und europäischen Bankwesens wesentlich gesünder als vor siebzig Jahren. Zweitens ist das internationale Währungssystem heute dank der Kombination aus veränderlichen Wechselkursen und riesigen Devisenmärkten, die es den Unternehmen ermöglichen, sich gegen zu heftige Devisenkursschwankungen zu schützen, wesentlich flexibler. Und drittens schließlich lässt sich die Globalisierung der Kommunikationswege, die zu einem wesentlichen Teil den Boom der neunziger Jahre ermöglicht hat, nicht so einfach rückgängig machen wie die industrielle Globalisierung. In den dreißiger Jahren des vorigen Jahrhunderts war es autoritären Regierungen noch möglich, ihre Bürger mehr oder weniger weitgehend von unzensierten Medienberichten oder Auslandskontakten fernzuhalten. Zeitungen, Rundfunk und Kino konnten praktisch monopolisiert und manipuliert werden; Korrespondenzen mit ausländischen Partnern konnten mitgelesen werden; Reisen ins Ausland waren einer Minderheit vorbehalten. Im Dritten Reich etwa hatte die Bevölkerung, abgesehen von der (verbotenen) Möglichkeit, mit ihren Rundfunkgeräten die BBC zu hören, nur eine blasse Vorstellung davon, was in der Welt vor sich ging.

Heute dagegen können nur noch einige wenige Regierungen in äußerst rückständigen Ländern die Kommunikationsmittel in dieser Weise kontrollieren. Satelliten und das Internet haben eine neue Welt grenzenlosen Informationsaustauschs geschaffen. Und selbst wenn es gelänge, die Amerikaner durch Terrorakte vom Fliegen abzuhalten, ihre Post zu öffnen und sie daran zu hindern, das Internet zu nutzen (etwa mit einem effizienten Computervirus), stünden ihnen immer noch andere Kanäle der globalen Kommunikation offen.

4.

Das eigentliche Problem ist nicht so sehr eine potenzielle wirtschaftliche Deglobalisierung, sondern eine anhaltende politische Zersplitterung. Schließlich ist es eine der großen Ironien unserer Zeit, dass die wirtschaftliche Integration der Welt mit ihrem politischen Zerfall einhergeht.

Ohne Schwarzafrika gab es 1871 64 unabhängige Staaten. 43 Jahre später, am Vorabend des Ersten Weltkriegs, hatte der Imperialismus diese Zahl auf 59 verringert. Seit dem Zweiten Weltkrieg hat sich diese Zahl dann ständig erhöht. 1946 gab es 74 unabhängige Staaten, 1950 waren es bereits 89. 1995 betrug ihre Zahl 192, wobei der Zuwachs in den sechziger und neunziger Jahren am stärksten war (daran beteiligt waren hauptsächlich Afrika, wo zwischen 1960 und 1964 25 neue Staaten entstanden, und später vor allem Osteuropa). Viele der neuen Staaten sind Winzlinge: 87 haben heute weniger als fünf Millionen Einwohner, 58 weniger als 2,5 Millionen und 35 weniger als eine halbe Million. Über die Hälfte der Staaten der Welt haben weniger Einwohner als der amerikanische Bundesstaat Massachusetts.

Nun könnte man darauf verweisen, dass sich hinter der politischen Zersplitterung ein gegenläufiges Wachstum der Macht übernationaler Institutionen verbirgt: Das ist in der Tat eine stets wiederkehrende Klage der Globalisierungsgegner, deren lautstarke Demonstrationen plötzlich so unbedeutend erscheinen. Die idealistischeren Internationalisten (und die paranoideren Verschwörungstheoretiker) sehen, je nachdem, erwartungsvoll oder mit Schrecken einer Ära der Weltregierung unter der Schirmherrschaft der UNO entgegen, die ihren bisherigen Auftrag erweitern wird, um auch – ohne Rücksicht auf die nationale Souveränität – die Verteidigung der Bürger- und Menschenrechte zu übernehmen.

Dieses Szenario hat jedoch einen Haken – die finanzielle Schwäche der meisten übernationalen Organisationen. In finanzieller Hinsicht sind diese Kolosse (einschließlich des größten von allen, der Vereinten Nationen) Zwerge. Die Ausgaben von UNO, Weltbank, IWF und sämtlicher Programme und Behörden der UNO beliefen sich 1999 auf zusammen 18,3 Milliarden Dollar. Das Budget der Vereinigten Staaten betrug rund das Hundertfache. Diese Relationen sollte man sich vor Augen halten, wenn die Befürchtung geäußert wird, die EU könnte ein föderaler »Superstaat« werden. 1999 betrugen die Ausgaben der EU kaum mehr als ein Prozent des europäischen Bruttosozialprodukts; dagegen machten die Haushalte der einzelnen Regierungen 48 Prozent aus. Die globale Kaufkraft bleibt also in den Händen der Nationalstaaten konzentriert.

In diesem Kontext dürfte die Bedeutung von Bewegungen wie dem islamischen Fundamentalismus eher in deren zentrifugalen und weniger in den zentripetalen Wirkungen liegen. Statt mit einem Zusammenprall zwischen monolithischen Kulturen zu rechnen, sollten wir einen anhaltenden Prozess der Desintegration gewärtigen, da religiöse und ethnische Konflikte die Integrität der bestehenden multiethnischen Staaten bedrohen. Immerhin waren Bürgerkriege die häufigste Form der Kriege nach 1945: Sie machten rund zwei Drittel aller Nachkriegskonflikte aus; nur ein Drittel waren zwischenstaatliche Konflikte. Von Jugoslawien über den Irak bis Afghanistan sahen sich die USA immer wieder nicht mit einem geeinten Islam konfrontiert, sondern mit zersplitterten Gemeinwesen, die von mörderischen inneren Auseinandersetzungen erschüttert wurden. Somalia, Sierra Leone und Ruanda gehören ebenfalls in diese Reihe.

Warum kommt es parallel zur wirtschaftlichen Globalisierung zu dieser gegenläufigen politischen Zersplitterung? Eine mögliche Antwort lautet, dass die globalen Marktkräfte regionale Ungleichheiten in traditionellen Nationalstaaten verstärken. Eine weitere ist die, dass die oberflächliche Homogenisierung der Massenkultur – durch Hollywood, die Popmusikindustrie und die Anglisierung der technischen Kommunikation – als eine Art Trotzreaktion die Betonung lokaler Identitäten nach sich zieht. Doch die zutreffendste Antwort dürfte die sein, dass mit einer wachsenden Zahl von Staaten, die (mit amerikanischer Unterstützung) die Kombination aus freier Marktwirtschaft und politischer Demokratie übernehmen, die logische Grundlage vieler multiethnischer Staaten wegfällt. Die Zentralregierungen verlieren ihre Legitimität als Wirtschaftsplaner, und die einzelnen ethnischen Gruppen wählen separatistische Parteien. Dieser Prozess der politischen Spaltung steht historisch erst am Anfang.

5.

Was wir beobachten, ist demnach kein Zusammenprall von Kulturen, sondern einer zwischen einem voll entwickelten Empire und einer dynamischen und gefährlichen politischen Religion in einer Welt, die sich politisch aufspaltet, während sie wirtschaftlich immer mehr zusammenwächst. Deshalb ist die Rede vom »Dritten Weltkrieg« so irreführend. Der Zweite Weltkrieg war ein Zusammenprall von Kulturen: der anglophonen Demokratien, der ultranationalistischen Achsenmächte und der kommunistischen Sowjetunion. Das Spektakuläre an diesem Zusammenprall war, dass diese Kulturen sich im Hinblick auf ihre zerstörerischen Fähigkeiten als weitgehend ebenbürtig erwiesen.

Was auf die Vereinigten Staaten zukommt, ist etwas ganz anderes. So wie das britische Empire vor einem Jahrhundert verfügt Amerika heute über konkurrenzlose wirtschaftliche und militärische Ressourcen. Seine Stellung ist in mancher Hinsicht sogar besser, da es keine rivalisierende Großmacht gibt, von der es in ähnlicher Weise bedroht würde wie England nach 1900 durch das Deutsche Reich. Dennoch fühlt es sich, mit Matthew Arnold gesprochen, wie »ein müder Titan, der sich unter dem zu weiten Firmament seines Schicksals müht«. Es möchte am liebsten zur *splendid isolation* zurückkehren (ein weiterer spätviktorianischer Ausdruck) und seine Ressourcen nicht für den Bau von Tarnkappenbombern, sondern für Freizeitautos verwenden. Doch Selbstgenügsamkeit kommt nicht in Frage, denn heute gibt es »tolle Mullahs«, die über eine weitaus größere Feuerkraft verfügen als der ursprüngliche »tolle Mullah« – Mohammed bin Abdullah Hassan, gegen den England zwischen 1901 und 1919 in Somaliland einen langwierigen Wüstenkrieg führte. Man könnte auch sagen, dass der »tolle Mullah« und Conrads Mr. Vladimir sich zusammengetan haben.

In meinem Buch *The Cash Nexus (Politik ohne Macht)* habe

ich die These vertreten, die Vereinigten Staaten könnten es
sich nicht nur leisten, eine selbstbewusstere globale Rolle zu
spielen, sondern ihnen bliebe auch gar keine andere Wahl, als
dies zu tun. In diesem Kontext ist es sicherlich sinnvoll, die
wesentlichen Punkte meiner Argumentation noch einmal an-
zuführen:

1. *Die USA waren bereits lange vor dem 11. September nicht
mehr unverwundbar.* Ende 2000 hielt ich es zwar für höchst
unwahrscheinlich, dass irgendein Staat in absehbarer Zeit einen direkten Angriff auf die USA in Erwägung ziehen würde,
aber ich warnte, dass »eine Kampagne von Terroranschlägen
auf amerikanische Großstädte leicht vorstellbar« sei. Heute
braucht man dafür keine Vorstellungskraft mehr.

2. *Noch nie waren die Mittel zur Zerstörung so billig wie heute.*
Vor allem die sowjetische Praxis, Rüstungsgüter systematisch
zu verschleudern, sorgt für ein ständiges Arsenal an billigen
Waffen, dessen Hauptnutznießer bis auf den heutigen Tag die
Guerillaarmeen des Nahen Ostens und Schwarzafrikas, die
Terroristengruppen in Europa und die Drogenmafia in Nord-
und Südamerika sind. Als ich mein Buch im Jahr 2000 schrieb,
konnte man in den USA ein gebrauchtes Sturmgewehr AK-47
für siebenhundert Dollar kaufen, ein neues kostete das Dop-
pelte: Fast genauso viel wie der Laptop, auf dem dieser Beitrag
geschrieben wurde. Auch die realen Kosten eines Atom-
sprengkopfs und noch mehr diejenigen einer Kilotonne atomaren Ausgangsmaterials sind heute niedriger als irgendwann
sonst, seit das Manhattan-Projekt mit einem Kostenaufwand
von zwei Milliarden Dollar 1945 sein Ziel erreichte. Im Geld-
wert von 1993 entspräche dies der zehnfachen Summe, und die
reichte aus, um vierhundert Marschflugkörper Trident II zu
kaufen. Man darf annehmen, dass auch die Preise biologischer
Kampfstoffe wie Anthrax im selben Ausmaß gesunken sind.
Waffen mit einer solch immensen Zerstörungskraft werden
immer erschwinglicher – nicht nur für Staaten, sondern auch
für Aufständische, die Bürgerkriege verschärfen möchten, und

für Terroristen, die Schläge gegen die Vereinigten Staaten oder deren Bündnispartner führen wollen. Die Folgerung daraus ist klar: Was sich am 11. September ereignet hat, war möglicherweise nur ein Vorgeschmack auf weit schlimmere Anschläge.

3. *Die globale Ungleichheit hat beträchtlich zugenommen und mit ihr die Unzufriedenheit unter den Menschen auf der Verliererseite.* Es kann kaum ein Zweifel daran bestehen, dass der asymmetrische Charakter der wirtschaftlichen Globalisierung – die Tatsache, dass das Kapital hauptsächlich innerhalb der entwickelten Welt fließt und Handel und Migration noch immer in vieler Hinsicht beschränkt sind – überall auf der Welt zu beispiellosen materiellen Diskrepanzen führt. In den sechziger Jahren des vorigen Jahrhunderts verfügte das reichste Fünftel der Weltbevölkerung über ein Gesamteinkommen, das dreißigmal so hoch war wie das des ärmsten Fünftels; bis 1998 war dieses Verhältnis auf 74:1 angewachsen. 1965 lag das reale Bruttoinlandsprodukt pro Kopf der Bevölkerung im Tschad bei einem Fünfzehntel des entsprechenden Werts in den USA; 1990 betrug dieser Quotient nur noch ein Fünfzigstel. Während das erste Zeitalter der Globalisierung mit einer deutlichen Angleichung der Einkommen verbunden war, erleben wir heute das Gegenteil. Diese enorm wachsende Ungleichheit wird das Ressentiment gegen die USA in den ärmeren Ländern weiter verstärken.

4. *Die Vereinten Nationen sind nicht in der Lage, mit den Herausforderungen der globalen Unordnung fertig zu werden.* Neben dem Terrorismus dürften das verbreitetste Problem aus den bereits angesprochenen Gründen auf absehbare Zeit Bürgerkriege sein. Doch die UNO ist nicht die geeignete Institution, solche Konflikte zu einem friedlichen Ende zu bringen. Zwischen 1992 und 1999 gab der UN-Sicherheitsrat grünes Licht für eine ganze Reihe humanitärer Interventionen in Somalia, Bosnien, Ruanda, Haiti, Kambodscha, Albanien und Osttimor. Einzig die letzte dieser Operationen war erfolgreich;

alle anderen waren bestenfalls wirkungslos und hatten im schlimmsten Fall verheerende Folgen. Das Fiasko der US-Truppen in Mogadischu 1993, der fehlgeschlagene Versuch des UN-Sicherheitsrats, 1994 das französische Kontingent in Ruanda zu verstärken, und die holländische Machtlosigkeit und mögliche Komplizenschaft bei dem Massaker von Srebrenica 1995: All dies lässt die Fähigkeit der UNO, auf Krisen schnell und wirkungsvoll zu reagieren, in einem mehr als zweifelhaften Licht erscheinen. Nichts hat die Grenzen der Macht übernationaler Institutionen deutlicher zutage treten lassen als die Ereignisse von 1999 auf dem Balkan. Da der Kosovo als Provinz ein fester Bestandteil Serbiens war (und immer noch ist), war die jugoslawische Regierung vor einer Intervention von außen rechtlich durch Artikel 2(4) der UN-Charta geschützt. Darin heißt es: »Alle Mitglieder unterlassen ... jede gegen die territoriale Unversehrtheit oder die politische Unabhängigkeit eines Staates gerichtete oder sonst mit den Zielen der Vereinten Nationen unvereinbare Androhung oder Anwendung von Gewalt.« Und Artikel 2(7) untersagt jede Einmischung »in Angelegenheiten, die ihrem Wesen nach zur inneren Zuständigkeit eines Staates gehören«. Auch die Erklärung der UN-Generalversammlung zu den Grundsätzen des Völkerrechts von 1970 verwehrt den UN-Mitgliedern »das Recht, mittelbar oder unmittelbar aus welchem Grund auch immer in die inneren oder äußeren Angelegenheiten eines anderen Staates einzugreifen«. Nach der UN-Charta darf Gewalt nur zur Selbstverteidigung oder mit ausdrücklicher Erlaubnis des Sicherheitsrats als Reaktion auf einen Akt der Aggression angewandt werden (Artikel 51 und Kapitel III). 1999 kam eine solche Erlaubnis nicht zustande, da Russland im Sicherheitsrat dagegen stimmte. Die Chancen für einen Feldzug gegen den Terrorismus unter Führung der Vereinten Nationen erscheinen deshalb denkbar gering. Gewiss, seit dem 11. September sieht die Lage anders aus. Doch in der Praxis konnte die UNO kaum mehr tun, als ihre Mission in Afghanistan aus dem Bereich der US-Luftangriffe zu verlegen, die Hilfsaktivitäten an der afghanischen Grenze zu verstärken und schön klingende Pläne für ein demokratisches Regime nach dem Sturz der Taliban zu formulieren.

5. *Auch nach beträchtlichen Einschnitten in den Verteidigungshaushalt sind die Vereinigten Staaten weiterhin die einzige Supermacht der Welt* mit einem von keinem anderen Staat erreichten finanziellen und militärisch-technischen Potenzial. Ihr Verteidigungshaushalt ist vierzehnmal so groß wie der Chinas und zweiundzwanzigmal so groß wie der Russlands. Ferner ist fraglich, ob irgendein Staat in der Lage ist, auch nur einen Verbündeten Amerikas anzugreifen (oder sonst irgendwo auf der Welt, wo amerikanische Interessen berührt würden, Gewalt anzuwenden). In diesem Zusammenhang ist erwähnenswert, dass die Vereinigten Staaten, Europa und die Länder der ehemaligen Sowjetunion seit Mitte der achtziger Jahre des vorigen Jahrhunderts abrüsten, während andere Regionen der Welt unvermindert aufrüsten. Nach Angaben des Internationalen Stockholmer Friedensforschungsinstituts haben die Rüstungsexporte nach Nordostasien und in den Nahen Osten seit 1994 beträchtlich zugenommen. Einige asiatische Mächte (China, Indien und Pakistan) verfügen inzwischen über Kernwaffen, während der Irak weiterhin allen internationalen Bemühungen trotzt, ihn dazu zu bewegen, sein Programm zur Herstellung biologischer und chemischer Kampfstoffe aufzugeben. Nach Schätzungen des Pentagons sind mindestens zwanzig Länder im Besitz von Kurz- oder Mittelstreckenraketen.

6. *Die Vereinigten Staaten müssen mehr tun, um die Schurkenstaaten zur Räson zu bringen.* Die Idee, in andere Länder einzudringen, deren Diktatoren abzusetzen und mit vorgehaltener Waffe rechtsstaatliche Verhältnisse durchzusetzen, wird in der Regel als mit amerikanischen Werten unvereinbar abgelehnt. Ein gängiger Einwand lautet, die USA könnten sich niemals auf eine offen imperiale Herrschaft einlassen, wie

England sie im 19. Jahrhundert praktizierte. Dabei wird häufig übersehen, dass genau dies nach dem Zweiten Weltkrieg in Japan und Deutschland geschehen ist, und zwar mit großem und anhaltendem Erfolg. Charles Maier hat überzeugend dargelegt, dass die amerikanische Politik nach 1945 eine Form des Imperialismus gewesen sei und sich im Kern nicht vom europäischen Imperialismus des 19. Jahrhunderts unterschieden habe. Dabei habe sie sich auf einen innenpolitischen Konsens, auf die Beherrschung der neuen Kommunikationstechnologie und den Export eines bestimmten politisch-ökonomischen Modells (Korporatismus auf der Grundlage wachsender Produktivität) stützen können. In ähnlicher Weise hat Robert Gilpin die These vertreten, die westlichen Wirtschaften hätten nach 1945 nur deshalb eine Blüte erlebt, weil die amerikanische Militärmacht für sie gebürgt habe. Das Problem ist nur, dass diese Art des informellen amerikanischen Imperialismus in den letzten Jahren im Niedergang begriffen war. Man denke nur daran, dass die USA gegenwärtig nicht mehr als 0,1 Prozent ihres Bruttoinlandsprodukts für Entwicklungshilfe ausgeben, oder daran, dass die Regierung Bush vor dem 11. September auf militärischem Gebiet die Entwicklung eines Raketenabwehrsystems als ihre wichtigste Aufgabe ansah, also ein Projekt verfolgte, das eine flagrante Verletzung des ABM-Vertrags von 1972 darstellte. Das sind Anzeichen einer tief verwurzelten Engstirnigkeit, die das genaue Gegenteil dessen ist, was die Welt von ihrer reichsten Macht braucht.

7. *Amerika kann sich ein formelles Empire leisten.* Statt sich wie eine Riesenschnecke in ein elektronisch gesichertes Haus zurückzuziehen, sollten die Vereinigten Staaten einen höheren Anteil ihrer enormen Ressourcen darauf verwenden, die Welt für Kapitalismus und Demokratie sicher zu machen. Entgegen den Annahmen einer naiven Siegerrhetorik, die vom »Ende der Geschichte« fabulierte, hat sich weder das eine noch das andere naturwüchsig entwickelt, denn beide er-

fordern starke institutionelle Fundamente von Recht und Ordnung. Die Rolle einer imperialen Großmacht USA besteht darin, diese Institutionen dort, wo sie fehlen, zu errichten, wenn nötig (wie in Deutschland und Japan 1945) mit militärischer Gewalt. Wirtschaftliche Argumente gegen eine solche Politik gibt es nicht, da sie keineswegs mit exorbitanten Kosten verbunden wäre. Die Durchsetzung der Demokratie in sämtlichen »Schurkenstaaten« der Welt würde das Militärbudget der USA lediglich auf einen Wert von etwas mehr als fünf Prozent des Bruttoinlandsprodukts erhöhen. Für dieses Vorgehen spricht zudem ein wirtschaftliches Argument, denn die Einführung einer rechtsstaatlichen Ordnung in diesen Ländern würde sich langfristig auszahlen, da diese den Handel wiederbeleben und anspornen würde.

Am Ende meines Buchs *Politik ohne Macht* habe ich eine Vermutung geäußert, die ich heute anders ausdrücken würde. Damals, in den letzten Tagen von Clintons Amtszeit, schrieb ich, es gebe drei Gründe, aus denen eine »imperialere« amerikanische Außenpolitik gegenüber Schurkenstaaten nicht zu erwarten sei: »eine ideologische Verlegenheit darüber, als jemand dazustehen, der imperiale Macht ausübt; eine übertriebene Vorstellung von der Reaktion Chinas und Russlands sowie eine kleinmütige Furcht vor militärischen Verlusten. Vielleicht ist das die größte Enttäuschung, mit der die Welt im 21. Jahrhundert fertig werden muss: dass die Führer des einzigen Staates, der über die wirtschaftlichen Ressourcen verfügt, um die Welt zu einem besseren Ort zu machen, nicht den Mut dazu haben.«

Heute, denke ich, sollte man es als nachdrückliche Frage formulieren: »Werden die Führer des einzigen Staates, der über die wirtschaftlichen Ressourcen verfügt, um die Welt zu einem besseren Ort zu machen, auch den Mut dazu haben?«

Wir werden es bald erfahren.

Die Bewahrung amerikanischer Werte.
Herausforderung im Innern und Äußern

Harold Hongju Koh

Der 11. September hat uns alle im Innersten getroffen, gleich-
gültig wie nah oder fern wir Ground Zero waren, wie nah oder
fern uns die Opfer oder die Hinterbliebenen gestanden haben.
Uns allen erschien unser alltägliches Tun mit einem Mal so
gefährlich wie nie zuvor, und für die Nation als Ganzes ist das
Gefühl der Unverwundbarkeit für immer zerstört und das
Vertrauen in die Zukunft zutiefst erschüttert worden.

Die Anschläge der Terroristen galten nicht nur den Symbolen der wirtschaftlichen und militärischen Stärke der USA,
sondern auch den Grundlagen unserer Gesellschaft und den
Eigenschaften, die uns im Innern stark und im Äußern einfluss-
reich gemacht haben. Die Terroristen haben versucht, uns zu
einem dem ihren ähnlichen Ausbruch der Rache und Intole-
ranz zu provozieren. Umso mehr Grund für uns, bei der Verteidigung unserer Sicherheit jene universellen Werte zu wahren, welche die Terroristen aushebeln wollten: Demokratie,
Rechtsstaatlichkeit, Menschenrechte und offene Gesellschaft.

Im Lauf des letzten halben Jahrhunderts sind sie alle nicht
nur als amerikanische oder westliche, sondern als universelle
Werte mit international anerkannter Bedeutung und weltwei-
ter Anziehungskraft akzeptiert worden. Wie die Vereinten
Nationen in einer Reihe von Resolutionen festgestellt haben,
bedeutet Demokratie nicht nur das Abhalten allgemeiner und
freier Wahlen, sondern auch die staatliche Achtung der
Bürger- und Menschenrechte, also des Rechts auf politische
Teilhabe und abweichende Meinungen, der Religions- und
Glaubensfreiheit, des Schutzes von Minderheiten vor einer
repressiven Mehrheitsregierung und der uneingeschränkten
Rechte von Frauen und Arbeitern in einer Zivilgesellschaft, die

unter anderem von unabhängigen Medien und einer offenen, auf Konkurrenz beruhenden Wirtschaftsverfassung geprägt wird. Zur Rechtsstaatlichkeit gehören eine Regierungsform, die nicht der Willkür Einzelner ausgeliefert ist, sondern auf in einer Verfassung verankerten Rechtsnormen beruht, sowie demokratisch gewählte politische Institutionen und eine unabhängige Justiz. Die international anerkannten Menschenrechte umfassen jene unveräußerlichen Rechte, die jedem Menschen von Geburt an zustehen und die in der Wiener Deklaration von 1993 allgemein akzeptiert und zuvor schon in der Allgemeinen Erklärung der Menschenrechte von 1948 sowie in den Internationalen Pakten über bürgerliche und politische Rechte sowie über wirtschaftliche, soziale und kulturelle Rechte von 1966 festgeschrieben worden sind. Schließlich bedeutet eine offene Gesellschaft eine pluralistische und liberale soziale Ordnung, in der die Wahrnehmung von individuellen und Gruppenrechten allgemein toleriert wird. In ihrer Gesamtheit bilden diese Prinzipien heute die Grundlage einer in der Entstehung begriffenen Kultur der Demokratie.

I.

Die Anschläge vom 11. September haben den positiven Aspekt der Globalisierung – so umstritten diese vor und erst recht seit dem 11. September war und ist – in Gefahr gebracht. In den vergangenen Jahren mussten wir eine Flut neuer Begriffe erlernen, mit denen die integrierende Wirkung einer sich beschleunigenden Expansion auf den Gebieten des Kommunikations-, Finanz-, Transport- und Gesundheitswesens und die zunehmende Internationalisierung der Märkte erfasst werden sollten. Im Zuge der Globalisierung sind neue universelle Sprachen für den Cyberspace, das Rechtswesen, den Handel und das Finanzwesen entstanden. Gleichzeitig hat sich die Bedeutung der Landesgrenzen drastisch verringert. Doch der wichtigste globale Trend ist der, der am häufigsten übersehen wird: die Globalisierung von Freiheit und Demokratie. Besaßen vor einem halben Jahrhundert erst etwa zweiundzwanzig Länder eine demokratische Regierungsform, sind es heute bereits rund hundertzwanzig. Zu Beginn des neuen Jahrtausends leben erstaunliche dreiundsechzig Prozent der Erdbevölkerung in wie auch immer ausgestalteten demokratischen Gemeinwesen.

Doch die Globalisierung hat immer auch eine negative Seite. Die größere Freiheit nach dem Zusammenbruch des Autoritarismus kommt auch Verbrechern und Terroristen zugute, die nun ungehinderter und schneller international agieren können. Am 11. September haben wir erlebt, dass diese Kräfte gerade die Mobilität und Offenheit unserer Gesellschaft gegen uns eingesetzt haben. Die Herausforderung, vor der wir stehen, lässt sich demnach in der Frage zusammenfassen: Wie können wir den konstruktiven Aspekt der Globalisierung nutzen, um ihre destruktivste Seite zu überwinden?

In den vergangenen dreißig Jahren haben die USA die Verbreitung von Freiheit und Demokratie unter der Annahme gefördert, dass dies dazu beitrage, humane Lösungen für die Probleme der modernen Welt zu finden: für Umweltverschmutzung, Aidskrise, das internationale Verbrechen, einschließlich des Drogen- und Menschenhandels, sowie schwere und systematische Menschenrechtsverletzungen. Der 11. September hat nun unsere Aufmerksamkeit wie nie zuvor auf die Bedrohung durch den internationalen Terrorismus gerichtet.

Dieser Kampf lässt sich nicht als Zusammenprall der Kulturen oder als Kampf zwischen dem Westen und dem Islam beschreiben. Es ist vielmehr eine Auseinandersetzung zwischen denen, die die aufstrebende Kultur der Demokratie – das Pendant der »freien Welt« des Kalten Krieges – unterstützen, und denen, die es mit dem globalen Terrorismus halten, dessen Taten von der Generalversammlung der Vereinten Nationen unlängst als kriminelle Handlungen eingestuft wurden, die in der Absicht begangen werden, die breite Öffentlichkeit, eine bestimmte Gruppe von Personen oder bestimmte Einzelpersonen zu politischen Zwecken in Angst und Schrecken zu versetzen. Die politischen, philosophischen, ideologischen, rassischen, ethnischen, religiösen oder sonstigen Motive, auf die sich die Terroristen zu ihrer Rechtfertigung berufen mögen, sind bei der Einschätzung ihrer Handlungen als Verbrechen nebensächlich.

Es liegt auf der Hand, dass wir den Kampf nicht allein gewinnen können. Ebenso, wie wir es im Zweiten Weltkrieg getan haben, um die Demokratie vor dem Faschismus zu retten, müssen wir auch jetzt die Kräfte der Demokratie mobilisieren, um zum Nutzen unserer langfristigen Ziele ein dauerhaftes Bündnis gegen den Terrorismus zu schmieden. Dieses Bündnis zusammenzuhalten wird schwierig sein. Wie im Golfkrieg, als Saddam Hussein aus Kuwait, und auf dem Balkan, als Slobodan Milošević aus dem Kosovo vertrieben wurde, müssen wir unsere Verbündeten vereinigen und führen, ohne sie herumzukommandieren. Im Geist der Demokratie müssen wir auf unsere Verbündeten hören und nicht nur Forderungen an sie stellen. Dabei müssen wir im Interesse fester und langfristiger Koalitionen reine Zweckbündnisse vermeiden. Die einzelnen Länder sollten sich nicht nur deshalb zum Kampf gegen den globalen Terrorismus verpflichten, weil sie das nächste Opfer sein könnten, sondern weil sie wie wir ein ureigenes Interesse an dem von den Terroristen bekämpften globalen System freier Verkehrs- und Kommunikationswege, freier Märkte und offener Gesellschaften haben.

Beim Entwurf unserer Strategie müssen wir die gesamte Palette der außenpolitischen Instrumente einsetzen. Erstes und offensichtlichstes Element dieser Strategie ist der entschlossene und sorgfältig auf bestimmte Ziele ausgerichtete Einsatz der militärischen Mittel. Doch der Vietnamkrieg hat gelehrt, dass ein unkonventioneller Krieg nicht mit konventionellen Methoden gewonnen werden kann und einem schattenhaften Aggressor, der ohne Regeln kämpft, sich nicht um

Opfer unter der Zivilbevölkerung kümmert und keine Exit-Strategie besitzt, nicht mit einer umfassenden Kriegführung beizukommen ist. Auch die abgedroschene Analogie zu Pearl Harbor darf nicht zu der irrigen Annahme verleiten, die angemessenste Reaktion sei der massive Einsatz militärischer Gewalt. Ein massives Vorgehen ist nicht immer besonders wirkungsvoll.

Das bedeutet zum zweiten, dass parallel zur Anwendung von Gewalt entschlossene diplomatische Schritte unternommen werden müssen: Der militärische Einsatz muss von kreativer Diplomatie unterstützt werden und umgekehrt. Um ein effektives Bündnis zu schmieden, brauchen wir eine wirksame Diplomatie, um nicht nur die Unterstützung unserer traditionellen Partner in NATO, Vereinten Nationen, G-8 und OAS zu organisieren, sondern auch die der Islamischen Konferenz, der Organisation für Afrikanische Einheit und der Vereinigung südostasiatischer Staaten (ASEAN) zu erhalten.

Drittens sind Wirtschaftssanktionen zu verhängen und private Institutionen wie Unternehmen, Banken, Nichtregierungsorganisationen und die Medien zur Hilfeleistung zu bewegen, um die Konten aufzuspüren und einzufrieren, über welche die Terroristennetze von den Unterstützerstaaten finanziert werden.

Viertens handelt es sich zwar nicht ausschließlich um ein strafrechtliches Problem, doch den Kampf gegen der Terrorismus als Krieg zu bezeichnen enthebt uns nicht der Aufgabe, den gesamten Apparat der Strafjustiz einzusetzen. Die Terroranschläge wurden von international agierenden Verbrechern verübt, die einem internationalen Verbrechernetz angehören, das Methoden wie aus einem Lehrbuch des Verbrechens anwendet. Um diese Verbrecher vor Gericht zu bringen, sind die altbewährten Methoden der Strafverfolgung weiterhin das beste Instrument.

Fünftens dürfen wir nicht nur mit demokratischen Regierungen zusammenarbeiten, sondern müssen mit den demo-

kratischen Kräften selbst in den despotischsten Ländern ko-
operieren. Manche haben unbekümmert davon gesprochen,
Staaten, die den Terrorismus unterstützen, zu »beseitigen«.
Aber Staaten sind keine Monolithen. Als ich im Auftrag des
Außenministeriums für die Förderung von Menschenrechten
und Demokratie arbeitete, ist mir täglich vor Augen geführt
worden, dass es in jedem Staat – auch in Afghanistan und im
Irak – Kräfte der Demokratie und Kräfte des Terrors gibt. In
Serbien zum Beispiel führte Slobodan Milošević noch vor wenig mehr als einem Jahr ein Terrorregime, doch dann wurde
er plötzlich gestürzt, und an seine Stelle trat in einem friedlichen Übergang der demokratisch gewählte Präsident Vojislav
Kostunica.

Wenn wir erreichen wollen, dass kein Staat mehr Terroristen Unterschlupf gewährt, müssen wir in den jeweiligen Ländern den Übergang zur Demokratie fördern, indem wir die
dem Recht verpflichteten Gruppen der Zivilgesellschaft unterstützen, die einen anderen, demokratischen Weg verfolgen.
Dabei ist neben der Peitsche auch Zuckerbrot einzusetzen.
Wir müssen Auslandskredite und Entwicklungshilfe anbieten
und Maßnahmen wie einen Schuldenerlass für die ärmsten
Länder in Erwägung ziehen. Wir müssen unsere Programme
zur Förderung von Demokratie und Rechtsstaatlichkeit nicht
nur in den Ländern des Nahen Ostens und Zentralasiens, auf
deren Unterstützung wir im Kampf gegen den Terrorismus
angewiesen sind, weiter verfolgen, sondern auch in anderen
Teilen der Welt (vor allem in Afrika), wo die Demokratie noch
immer schwach und der Frieden unsicher ist. Dabei wird es in
den kommenden Monaten weniger darauf ankommen, was wir
diesen Ländern zugedacht haben; weit wichtiger wird sein,
was wir *gemeinsam mit* ihnen unternehmen.

Schließlich müssen wir uns klar machen, dass der Anschlag
vom 11. September nur die gewalttätigste und bösartigste Va-
riante der Ressentiments gegen die Globalisierung darstellt,
die in Seattle, Genua, Prag und anderswo wesentlich milder

zum Ausdruck gekommen sind. Diese Ressentiments speisen sich aus der verständlichen Befürchtung, die Globalisierung werde die Kluft zwischen Arm und Reich weiter vertiefen, die lokale Autonomie und Kultur gefährden und widerstrebenden Gesellschaften als universell deklarierte westliche Werte aufzwingen.

Doch Osama bin Laden ist weder ein zweiter Marx noch ein zweiter Lenin: Er hat weder eine echte politische Führung noch eine konstruktive alternative Vision der Zukunft zu bieten. Wenn wir die nachwachsende Generation davon überzeugen wollen, dass die Globalisierung ihrem Eigeninteresse mehr dient als der Terrorismus, müssen wir bin Ladens Argumente in der Arena der öffentlichen Auseinandersetzung bekämpfen. Durch eine offensive Öffentlichkeitsarbeit, zumal in der muslimischen Welt, müssen wir die Armen davon überzeugen, dass wir wie sie eine gemeinsame Zukunft anstreben, die nicht von endlosen Gewalttaten und Kriegen geprägt ist. Daraus folgt, dass wir unsere jungen Leute nicht nur ins Ausland schicken müssen, damit sie dort kämpfen, sondern auch, damit sie gemeinsam mit anderen jungen Menschen aus aller Welt daran arbeiten, den Sumpf des antiwestlichen Terrors auszutrocknen.

Den muslimischen Ländern muss vor Augen geführt werden, dass die Vereinigten Staaten in den letzten Jahren große finanzielle Opfer gebracht haben, um die Menschenrechte von Muslimen in Bosnien und im Kosovo zu verteidigen, und darüber hinaus gegen die brutale Unterdrückung der tschetschenischen Muslime durch Russland und der uigurischen Muslime in der Provinz Xinjiang (Sinkiang) durch China protestiert haben. Wir müssen die Tatsache bekannt machen, dass unter den beim Anschlag auf das World Trade Center Getöteten Hunderte von Muslimen waren, dass die Taliban massive Menschenrechtsverletzungen begangen und die Terroristen den Inhalt des Korans entstellt haben, um ihre menschenverachtenden Taten zu rechtfertigen. Ferner müssen wir in kreativer Weise mit ausländischen Universitäten, Nichtregierungsorganisationen, Bürgerinitiativen, unabhängigen Medien, Gewerkschaften, Frauengruppen und Parteien zusammenarbeiten, um zu unterstreichen, dass unsere universellen Werte mit dem gemeinsamen Interesse zusammenfallen, dem Terrorismus ein Ende zu bereiten. Vor allem im Nahen Osten müssen wir potenziellen Terroristen klar machen, dass der Terrorismus nirgendwohin führt, während die Globalisierung der Freiheit nicht nur dem kurzfristigen Ziel der Konfliktprävention, sondern auch dem längerfristigen Ziel des wirtschaftlichen Aufschwungs dient und mit der realen Aussicht auf eine demokratische Ordnung verbunden ist.

Kurzum, die gegenwärtige Situation ist vor allem eine Probe darauf, ob wir es mit der globalen Demokratisierung ernst meinen. Die kommenden Monate werden erweisen, ob wir nicht nur Bomben werfen, sondern auch aufbauen können und in der Lage sind, als Gegengift zur Globalisierung des Terrors die Globalisierung der Freiheit voranzubringen.

2.

Der 11. September war eine harte Prüfung unseres Willens, sowohl im eigenen Land als auch im Ausland am Prinzip der Herrschaft des Rechts festzuhalten. Wir dürfen nicht der irrigen Vorstellung erliegen, einige terroristische Anschläge, und seien sie noch so brutal, würden uns in einen Naturzustand zurückversetzen, in dem keine Regeln und keine Gesetze mehr gelten. Schließlich haben wir im Lauf der Jahrhunderte ein komplexes System nationaler und internationaler Institutionen, Kontrollen, Normen, Regeln und Verfahren zur politischen Entscheidungsfindung geschaffen, das gerade den Zweck hat, in Zeiten wie diesen genutzt und nicht ignoriert zu werden.

In meiner Tätigkeit als Anwalt wie auch als Mitarbeiter der Regierung habe ich gelernt, in einer Krisensituation drei Fragen zu stellen: Erstens, was *erlaubt* das Gesetz? Zweitens, was *verbietet* das Gesetz? Und drittens, welche der möglichen Vorgehensweisen ist am ehesten mit Geist und Buchstaben des Gesetzes vereinbar? Wenn es eine solche gesetzeskonforme Vorgehensweise gibt, sollten wir uns für sie entscheiden, weil dann Gesetz und Moral auf unserer Seite sind und dies uns die Unterstützung unserer Bündnispartner und der internationalen Institutionen bei der Bewältigung der Krise sichert.

In der heutigen Lage steckt uns das Völkerrecht weder in eine Zwangsjacke, noch erteilt es uns eine Blankovollmacht. Die Tragödie des 11. September war ein furchtbares Verbrechen, und das Völkerrecht gibt uns die Möglichkeit, eine deutliche Antwort zu erteilen. Nach Artikel 51 der Charta der Vereinten Nationen hat jeder Mitgliedsstaat das Recht, sich im Fall eines bewaffneten Angriffs von außen zu verteidigen. In zwei ausführlichen Resolutionen – die erste wurde einen Tag nach den Anschlägen verabschiedet, die zweite einige Wochen später – hat der Sicherheitsrat den UN-Mitgliedern ausdrücklich die Befugnis erteilt, Maßnahmen gegen den Terrorismus zu ergreifen, und den Vereinigten Staaten und ihren Verbündeten erlaubt, gegen bin Laden und die Taliban, die ihm Zuflucht gewährten, mit Gewalt vorzugehen. Darüber hinaus hat sich die NATO auf Artikel 5 ihres Vertrags berufen, dem zufolge alle Mitgliedsstaaten berechtigt sind, Gewalt anzuwenden, wenn ein NATO-Mitgliedsland von außen angegriffen wird. Noch schwerer fällt ins Gewicht, dass die Anschläge vom 11. September nicht nur einen bewaffneten Angriff darstellten, sondern Verbrechen gegen die Menschheit und – sofern man darin Kriegshandlungen sieht – auch Kriegsverbrechen. Das alles bedeutet, dass die Regierung der Vereinigten Staaten nach dem Völkerrecht einen beträchtlichen Spielraum besitzt, eine breit angelegte Strategie zu verfolgen, die eine machtvolle militärische Reaktion in den Rahmen einer umfassenden Offensive von Diplomatie, Wirtschaft, Nachrichtendiensten und Justiz einbindet.

Da bin Laden für die Anschläge vom 11. September verantwortlich ist, gibt uns das Völkerrecht auch die Möglichkeit, ihn selbst und seine Helfershelfer als »illegale Kombattanten« zu behandeln, gegen die wir unter Wahrung der Verhältnismäßigkeit der Mittel militärisch vorgehen können. Dabei müssen wir mehrere Möglichkeiten ausloten, sie vor die Schranken eines Gerichts zu bringen: Erstens könnten ihre Verbrechen vor einem amerikanischen Gericht verhandelt werden (unter einer Anklage wie derjenigen wegen des Sprengstoffanschlags auf das World Trade Center von 1993); zweitens könnten die Terroristen vor einem ausländischen Gericht abgeurteilt werden, wie im Fall des Lockerbie-Prozesses, der in Den Haag nach schottischem Recht geführt wurde; drittens käme ein internationaler Strafprozess vor einem Ad-hoc-Tribunal in Frage, und viertens wäre die Zulassung von Zivilklagen amerikanischer Opfer gegen die verantwortlichen Terroristen und ihre Unterstützerstaaten möglich, wobei Schadenersatzforderungen mit Geldern von deren Konten zu befriedigen wären.

Wenn wir uns jedoch entscheiden, die Anschläge als eine Kriegserklärung zu werten, dann müssen wir uns natürlich an das Kriegsrecht halten. Terroristen verachten dieses Recht, doch verantwortliche Demokratien werden seine Normen einhalten. Das bedeutet, dass unser Militär es bei seinen Einsätzen vermeiden muss, ohne deren Zustimmung in neutrale Länder einzumarschieren, absichtlich unbeteiligte Zivilisten oder zivile Objekte zu beschießen und Militärschläge ohne Rücksicht auf humanitäre Einrichtungen zu führen. Je massiver und undifferenzierter unsere Militärschläge erfolgen, desto größer wird die Wahrscheinlichkeit, dass gegen das Völkerrecht verstoßen wird und wir gerade jene Bündnispartner, humanitären Gruppen und gemäßigten muslimischen Staaten vor den Kopf stoßen, auf deren Unterstützung wir langfristig angewiesen sind.

Ebenso wie das internationale lässt auch das amerikanische

Recht dem Präsidenten einen relativ großen Handlungsspielraum, auch wenn die Legislative ihm Zurückhaltung angeraten hat. Bezeichnenderweise hat der Kongress, der den Präsidenten ermächtigt hat, Gegenmaßnahmen zu ergreifen, *keinen* Krieg erklärt, was in der amerikanischen Geschichte überhaupt erst fünfmal geschehen ist. Die USA befinden sich also nicht im Kriegszustand. Durch eine Kriegserklärung hätte der Präsident automatisch eine Reihe außerordentlicher Befugnisse erhalten, unter anderem die zur Beschlagnahme von Eigentum, Firmen und Produktionsanlagen, zur Beschränkung politischer Aktivitäten und zum Abhören von Telefongesprächen ohne vorherige richterliche Genehmigung.

Auch den nationalen Notstand, in dem der Präsident weitere besondere Befugnisse besessen hätte, hat der Kongress nicht ausgerufen. Stattdessen erklärte er sieben Tage nach den Anschlägen, diese stellten eine außergewöhnliche Bedrohung für die nationale Sicherheit und die Außenpolitik der Vereinigten Staaten dar, die es rechtfertige, dem Präsidenten weitgehende Vollmachten für Gegenmaßnahmen zu übertragen. Dieser Sprachregelung entsprechend, verabschiedete der Kongress mit überwältigender Mehrheit eine Resolution über die Anwendung von Gewalt, die dem Präsidenten ohne zeitliche Beschränkung einen weiten Ermessensspielraum lässt, gegen jedes ausländische wie inländische Gebilde mit »allen notwendigen und geeigneten Gewaltmitteln« vorzugehen, »sofern er zu dem Schluss gelangt, dass dieses die Anschläge vom 11. September geplant, in Auftrag gegeben, durchgeführt oder als Mittäter unterstützt« hat, und sofern sein Vorgehen »darauf abzielt, künftige Anschläge zu verhindern«.

Bei der Wahrnehmung dieser Machtbefugnis ist der Präsident nicht durch die Durchführungsverordnung 12 333 gebunden. Diese 1974 von Präsident Ford erlassene und während der Amtszeiten seiner fünf Nachfolger in Kraft gebliebene Verordnung bestimmt, dass sich niemand, der bei der amerikanischen Regierung angestellt ist oder in ihrem

Namen handelt, an einem politischen Mord oder einer Mordverschwörung beteiligen darf. Anfangs war diese Verordnung dazu gedacht, die Ermordung führender Politiker im Ausland zu verhindern. Später wurde sie so interpretiert, dass die Möglichkeit der »legalen Selbstverteidigung« durch sie nicht ausgeschlossen sei, somit auch nicht die Tötung von Terroristen. Es wäre schon mehr als grotesk, wenn Osama bin Laden, der sich wie ein Kombattant verhielt, als er den Massenmord an weit über dreitausend Amerikanern befahl, nun argumentieren könnte, man dürfe ihn nicht zur Vergeltung töten, weil er unbeteiligt und kein Kombattant gewesen sei. Und selbst wenn man einen Anschlag auf bin Laden als politischen Mord einstufen wollte, könnte die Verordnung 12 333 vom Präsidenten persönlich außer Kraft gesetzt, in ihrem Wortlaut geändert oder widerrufen werden oder aber durch die Resolution über den Einsatz von Gewalt, die am 18. September 2001 Gesetzeskraft erlangte, ersetzt werden.

Doch die Tatsache, dass das Gesetz dem amerikanischen Präsidenten erhebliche Machtmittel an die Hand gibt, um auf die Terroranschläge zu reagieren, bedeutet nicht, dass seine Handlungen keinerlei Beschränkungen unterlägen. Selbst im Kriegsfall ist der Präsident gemäß unserer Verfassung zwar der Oberkommandierende der Streitkräfte, aber nicht unser König. Auch darf die Resolution über die Gewaltanwendung nicht mit der berüchtigten Tongking-Resolution von 1964 verwechselt werden, die von mehreren US-Präsidenten nacheinander als Ermächtigung verstanden wurde, den unerklärten Krieg in Vietnam auszuweiten. Das anschließende Debakel hatte zur Folge, dass die Tongking-Resolution 1973 außer Kraft gesetzt und die Resolution über Kriegsvollmachten erlassen wurde, die den Präsidenten verpflichtet, den Kongress innerhalb von achtundvierzig Stunden über die Entsendung von Truppen ins Ausland zu informieren. Darüber hinaus begrenzt sie die Dauer militärischer Einsätze ohne Zustimmung des Kongresses auf neunzig Tage. Sie ist nun seit fast dreißig

Jahren in Kraft. Die Resolution über die Gewaltanwendung hat diese frühere Resolution nicht außer Kraft gesetzt, stützt sich vielmehr ausdrücklich auf sie.

Das Außenministerium ist gesetzlich verpflichtet, die außenpolitischen Ausschüsse von Senat und Repräsentantenhaus laufend und umfassend über alle Aktivitäten und Vorgänge innerhalb des Zuständigkeitsbereichs dieser Ausschüsse zu informieren. Diese Bestimmung beruht auf einer einfachen Überlegung: Um in Krisenzeiten eine solide, von beiden Parteien getragene Außenpolitik betreiben zu können, muss der Präsident die gewählten – und von ihm unabhängigen – Staatsvertreter regelmäßig ins Vertrauen ziehen und ihren Rat einholen. Die Kriege in Korea und Vietnam haben gezeigt, dass die Streitkräfte und der Präsident im Fall von langwierigen unerklärten Kriegen ohne absehbares Ende die Unterstützung der Öffentlichkeit verlieren und dem Kongress die Verantwortung aus der Hand genommen wird. Wie auf dem Gebiet des Völkerrechts bedeutet dies, dass der Präsident, je mehr er in der derzeitigen Krise den Kongress einbezieht und deutlich macht, dass er gewillt ist, sich an die gesetzlichen Bestimmungen zu halten, umso größere Chancen hat, in den vor ihm liegenden schwierigen Monaten Recht und Gesetz auf seiner Seite zu behalten.

Obwohl der Kampf, den wir gegenwärtig führen, von vielen als Krieg gegen den Terrorismus bezeichnet wird, darf nicht vergessen werden, dass sich die USA formal weder im Kriegszustand noch in einem vom Kongress erklärten nationalen Notstand befinden. Die rechtliche Lage hat vielmehr große Ähnlichkeit mit der Situation bei der Gründung der amerikanischen Republik. Damals waren Piraten, Freibeuter und andere »Terroristen« für unsere Nation eine ebenso große Bedrohung wie souveräne Staaten, die uns mit Krieg überziehen wollten. Artikel I.8 der amerikanischen Verfassung, der den Kongress ermächtigt, den Krieg zu erklären, verleiht dem Kongress in einem anderen Abschnitt die wesentlich enger gefasste Befugnis, Piraterie, Verbrechen auf hoher See sowie Verstöße gegen das Völkerrecht zu definieren und zu ahnden. Die Verfasser hatten dabei eine ähnliche Situation vor Augen wie die, mit der wir heute konfrontiert sind: Private Akteure – Piraten und Sklavenhändler – arbeiteten Hand in Hand mit souveränen Regierungen, um die zivilisierten Länder der Erde zu terrorisieren. Im Jahr 1790 machte der Kongress von dieser Befugnis Gebrauch, indem er Gesetze erließ, mit denen im Ausland begangene Verbrechen, wie Piraterie und Mordanschläge auf amerikanische Botschafter, unter Strafe gestellt wurden. Anfang des 19. Jahrhunderts billigte der Kongress dann die von Präsident Jefferson angeordneten Operationen der Marine gegen die nordafrikanischen Seeräuber. In neuerer Zeit hat der Kongress diese Befugnis genutzt, um Vergehen gegen das Völkerrecht, wie Anschläge auf die Luftfahrt und Diplomaten, Geiselnahmen und Diebstahl von Kernmaterial, unter Strafe zu stellen.

Wenn der Kongress in nächster Zeit Gesetze in Bezug auf die gegenwärtige Krise verabschiedet, sollte er sich ausdrücklich auf diese verfassungsmäßige Befugnis berufen, um die Anschläge auf das World Trade Center und das Pentagon als klare Verstöße gegen das Völkerrecht zu brandmarken. Gestützt auf die Resolution über die Gewaltanwendung, hat der Kongress den Präsidenten bereits ermächtigt, alle erforderlichen Mittel zur Bestrafung der Täter einzusetzen. Danach ist es dem Präsidenten gestattet, Terroristen und ihre Helfershelfer mit militärischer Gewalt zu verfolgen und als internationale Verbrecher zu behandeln, die wie im Jahr 1989 Manuel Noriega, der panamesische Diktator und Drogenboss, verhaftet, an die USA ausgeliefert und dort vor Gericht gestellt werden sollen. Mit der ausdrücklichen Berufung auf diese konstitutionellen Rechte würde der Kongress gleichzeitig unterstreichen, dass die amerikanischen Streitkräfte bei der Durchsetzung des Völkerrechts selber an dessen Bestimmungen gebunden sind, vor allem an jene, die es untersagen, Angriffe gegen Zivilper-

sonen zu richten und so genannte Kollateralschäden billigend
in Kauf zu nehmen.

Selbstverständlich muss dem Präsidenten die militärische
Option offen stehen, Terroristennetze zu zerstören, gefasste
Täter zur Rechenschaft zu ziehen und Unterstützerstaaten
abzuschrecken. Doch wenn bin Laden, wie vielfach berichtet,
bis zu zehntausend Kämpfer in sechzig Ländern unter seinem
Kommando hat, gegen wie viele dieser Länder wollen wir
Krieg führen? Wenn sich der Präsident bei einer Kriegserklärung tatsächlich auf die Verfassung berufen will, muss er dies
mit der formellen Zustimmung der gewählten Volksvertreter
im Kongress tun. Wir brauchen die Anschläge vom 11. September nicht erst zu einem kriegerischen Akt zu erklären, um
dem Präsidenten weitgehende Vollmachten zur Bekämpfung
des globalen Terrorismus und seiner Unterstützerstaaten zu
erteilen. Denn nach der Völkerrechtsklausel in Artikel I der
Verfassung kann der Präsident die Urheber der Anschläge
vom 11. September als das bestrafen, was sie sind: als internationale Verbrecher, die das Recht aller zivilisierten Nationen
verletzt haben.

3.

Der 11. September ist ferner eine Prüfung unseres Willens,
inwieweit wir die universelle Verpflichtung, die Menschenrechte sowohl im eigenen Land als auch im Ausland zu achten,
angenommen haben. Nach dem Völkerrecht erfordert dies,
alles zu unternehmen, um zu vermeiden, dass Zivilisten Opfer
von Angriffen werden und Bomben auf zivile Einrichtungen
und Gebäude humanitärer Organisationen fallen. Von den
Medien verbreitete Bilder von Palästinensern, die über die
Anschläge vom 11. September angeblich in Jubel ausgebro-
chen waren, sollten uns nicht für die Tatsache blind machen,
dass in den repressiven Systemen, gegen die wir bereits Militärschläge führen oder noch führen werden, Zivilisten ebenso
Opfer von Menschenrechtsverletzungen sind wie die Tausen-

den von Menschen, die am 11. September starben. Wenn unsere Reaktion auf diese Tragödie den Tod einer großen Zahl von Zivilisten bewirkt, fügen wir unserer Sache schweren Schaden zu. Damit würden wir unseren eigenen zivilen Opfern keine Ehre erweisen. Vielmehr würden wir das Völkerrecht verletzen, unsere Stellung als Hüter der Moral verlieren, einen Kreislauf von immer neuen Anschlägen und Vergeltungsschlägen in Gang setzen und zweifellos diverse Länder dazu treiben, aus dem globalen Bündnis auszutreten, das wir unbedingt erhalten müssen, um den gegenwärtigen Kampf zu gewinnen.

Auch über die Menschenrechte der ungezählten Flüchtlinge, die dieser bewaffnete Konflikt produziert, darf nicht hinweggegangen werden. Während ich dies schreibe, strömen Zehntausende afghanischer Flüchtlinge in Richtung Pakistan, um sich den Millionen ihrer Landsleute anzuschließen, die dort in den siebziger und achtziger Jahren nach der Besetzung ihres Landes durch die Sowjetunion Zuflucht gesucht haben. Insbesondere dürfen unsere Militäraktionen nicht die Mitarbeiter humanitärer Hilfsorganisationen oder die Verteilung von Lebensmitteln, die noch vor Einbruch des Winters durchgeführt werden muss, gefährden. Der Bedarf an humanitärer Hilfe und an Unterkünften für die ständig wachsende Zahl von Flüchtlingen wird in den nächsten Wochen dramatisch zunehmen. Wenn nichts geschieht, könnte die humanitäre Krise ein Ausmaß annehmen, mit dem verglichen die Katastrophe des 11. September sich geringfügig ausnähme.

Mindestens ebenso wichtig ist es, bei unseren Bündnispartnern weiterhin auf die Achtung der Menschenrechte zu drängen und nicht gewissermaßen als Belohnung für ihre Unterstützung darauf zu verzichten. Etliche der betreffenden Regierungen – etwa von China, Pakistan, Russland, Saudi-Arabien und Usbekistan – haben bereits angedeutet, die Vereinigten Staaten sollten als Gegenleistung über die Menschenrechtsverletzungen in ihren Ländern hinwegsehen. Viele Regierungen, vor allem in Osteuropa und Zentralasien, haben unter dem Vorwand des Kampfs gegen den Terrorismus die Menschenrechte im eigenen Land stark eingeschränkt. Während des Kalten Krieges haben wir nur allzu oft antidemokratisches Verhalten und Menschenrechtsverletzungen von Autokraten ignoriert, weil sie uns im Kampf gegen den Kommunismus als Bündnispartner zur Seite standen. Für unsere längerfristige Absicht, die globale Demokratisierung zu fördern, wäre es jedoch verheerend, wenn wir ein derartiges Verhalten heute abermals ignorieren würden, um den Terrorismus mit einer größeren Zahl von Bundesgenossen bekämpfen zu können.

Ebenso wenig dürfen wir – im Namen der Terrorismusbekämpfung oder eines nationalen Notstands – die in unserer Verfassung verankerten Menschenrechte im eigenen Land einschränken oder aufs Spiel setzen. Der 11. September war für die Amerikaner eine neuartige Erfahrung: der erste Anschlag dieser Größenordnung auf unser Festland seit fast zweihundert Jahren. Befreundete Demokratien wie Israel oder England besitzen weit mehr Erfahrung mit derartigen Krisensituationen und darin, wie man ihnen entschieden und mit einer energischen Stärkung der inneren Sicherheit begegnet, ohne deshalb gleich die bürgerlichen Freiheiten einzuschränken.

Viele haben bei den Anschlägen vom 11. September von einem zweiten Pearl Harbor gesprochen. Doch als Abkömmling von Eltern, die in den vierziger Jahren des vorigen Jahrhunderts aus Südkorea in die Vereinigten Staaten eingewandert sind, kann ich nicht vergessen, dass das erste Pearl Harbor die Internierung Zehntausender loyaler Amerikaner zur Folge hatte, deren einziger Makel ihre ethnische Zugehörigkeit war. Nur wenige werden sich noch daran erinnern, dass mehrere bekannte Verfechter der bürgerlichen Freiheiten – Präsident Franklin D. Roosevelt, Earl Warren, damals Justizminister von Kalifornien, sowie Hugo Black und William O. Douglas, beide Richter am Obersten Gerichtshof – die Internierung japanischstämmiger Amerikaner nicht nur stillschweigend akzeptiert, sondern sogar ausdrücklich gebilligt haben.

Wir würden einen schweren historischen Fehler wiederholen, wenn wir heute erneut bestimmte Verhaltensweisen mit einzelnen ethnischen Gruppen identifizieren würden und brutale Einwanderungs- und Beschäftigungspraktiken sowie unbefugte Verletzungen der Privatsphäre – im Namen der Terrorismusbekämpfung – widerspruchslos hinnähmen. Die amerikanische Bürgerrechtsbewegung hat einen Kampf gegen Diskriminierung durch rassistische Klischees geführt, den wir heute fortsetzen müssen, indem wir zuverlässige Methoden für die Erstellung von Täterprofilen entwickeln, so dass potenzielle Terroristen an bestimmten Verhaltensmerkmalen und Motiven erkannt werden können – und nicht allein an ihrer ethnischen Zugehörigkeit.

Leider ist die in dieser Mahnung zum Ausdruck kommende Besorgnis nicht nur hypothetischer Natur. Nicht zuletzt auf Druck des Weißen Hauses hat der Kongress nach extrem kurzer Beratung ein umfassendes Gesetz zur Bekämpfung des Terrorismus verabschiedet, das es der Justiz ermöglicht, ausländische Staatsbürger als Terrorismusverdächtige für längere Zeit in Haft zu behalten, ohne gleichzeitig nennenswerte Sicherungen vor Amtsmissbrauch bereitzustellen. Weiterhin dürfen nunmehr Informationen, die im Verlauf strafrechtlicher Ermittlungen gegen US-Bürger oder Ausländer gewonnen wurden, an die Geheimdienste der USA weitergegeben werden, ohne dass näher bestimmt würde, in welcher Weise diese mit den Informationen verfahren dürfen. Außerdem erlaubt das Gesetz verdeckte Durchsuchungen, ohne dass dem Betroffenen nachträglich mitgeteilt werden muss, dass beispielsweise sein Arbeitszimmer in der Wohnung durchsucht wurde und dort Aufnahmen gemacht und Dateien von der Festplatte seines Computers heruntergeladen wurden. Ferner dürfen sich die Ermittlungsbehörden aus den Universitätsunterlagen höchst persönliche Informationen über amerikanische und ausländische Studenten beschaffen, die sie nach Belieben verwenden und weitergeben können. Darüber hinaus ist es jetzt möglich, das im Vierten Zusatzartikel der Verfassung aufgestellte Erfordernis eines hinreichenden Tatverdachts zu umgehen und private Telefongespräche abzuhören sowie Privatpersonen über deren Internetanschluss auszuspähen, ohne dass gegen diese strafrechtlich ermittelt wird.

Die Verfassungsmäßigkeit dieser Regelungen wird zweifellos vor Gericht angefochten werden. Doch die beunruhigende Botschaft ist die, dass es uns in den ersten Wochen der Krise nicht gelungen ist, eine Ausweitung der staatlichen Machtbefugnisse zu vermeiden, wie sie beispielsweise zur Watergate-Affäre geführt hat. Wenn wir sicherstellen wollen, dass wir unsere Freizügigkeit behalten und Presse-, Religions- und Versammlungsfreiheit gewährleistet bleiben, müssen wir alle – nicht nur die Gerichte und die Strafverfolgungsbehörden – wachsam sein und sensibel auf Einschränkungen der bürgerlichen Freiheitsrechte reagieren. Die Terroristen wollen uns unsere Freiheiten nehmen, doch gelingen wird ihnen das nur, wenn wir ihnen dabei helfen.

4.

Schließlich werden der 11. September und seine Folgen auch zutage fördern, wie ernst wir es mit der offenen Gesellschaft meinen. Nur weil unsere Aura der Unverletzlichkeit erschüttert wurde, sollten wir uns nicht dazu verleiten lassen, die Offenheit und Mobilität, die uns stark gemacht haben, einzuschränken.

In den ersten Wochen nach den Anschlägen haben wir zahlreiche schnelle Reaktionen erlebt. Erstens rief der Präsident, nachdem er ein vom Kongress in aller Eile verabschiedetes Antiterrorgesetz unterzeichnet hatte, praktisch über Nacht ein Amt für Innere Sicherheit ins Leben. Es erhielt umfassende, aber wenig präzise Befugnisse mit dem Ziel, die im Innern zu treffenden Maßnahmen gegen den Terrorismus zu bündeln. Dazu soll es »Prioritäten festlegen und sämtliche innerhalb der Vereinigten Staaten durchgeführten Maßnahmen zur Erhebung und Analyse von Informationen in Bezug auf ... Aktivitäten von Terroristen oder terroristischen Gruppen in den Vereinigten Staaten koordinieren«. Zweitens haben mehrere Kongressmitglieder als Quelle der Probleme der CIA und eine indirekte Ursache der Katastrophe des 11. September den Church-Ausschuss ausgemacht, einen Senatsausschuss, der nach dem verstorbenen Senator Frank Church aus Idaho benannt ist, der ihm Ende der siebziger Jahre vorsaß, und die Aufgabe hat, die Operationen der Nachrichtendienste unter die Lupe zu nehmen. Drittens erklärten sich die amerikanischen Fernsehsender auf Drängen des Weißen Hauses bereit, keine unbearbeiteten Videobänder von Reden bin Ladens zu senden, weil zu befürchten war, dass sie verschlüsselte Botschaften an seine Helfershelfer enthielten. Darüber hinaus erhielten mehrere Kommentatoren und Kabarettisten vorübergehend Auftrittsverbot im Fernsehen, weil man ihre Kommentare für politisch unkorrekt und geradezu unpatriotisch hielt.

Für sich allein genommen erscheint keine dieser Reaktionen weltbewegend, doch in ihrer Gesamtheit ergeben sie ein Bild, aus dem eine merkwürdige Gleichgültigkeit gegenüber der jüngsten Geschichte spricht. Während das Amt für Innere Sicherheit möglicherweise eine bislang bestehende bürokratische Lücke schließt, bedeutet seine Gründung zugleich auch, dass die seit über fünfzig Jahren bestehende Trennung zwischen den inneramerikanischen Strafverfolgungsbehörden und den international operierenden Nachrichtendiensten verwässert wird. Im Sicherheitsgesetz von 1947 hat der Kongress der CIA ausdrücklich jegliche polizeilichen und Strafverfolgungskompetenzen verweigert. Damit sollte sichergestellt werden, dass sie sich auf die Gewährleistung der äußeren Sicherheit beschränkte und die innere anderen Behörden überließ. Doch während des Vietnamkriegs übertrat die CIA diese Grenze und führte bei bekannten Kriegsgegnern und Teilnehmern an Protestdemonstrationen gesetzwidrige verdeckte Durchsuchungen durch, ließ sie beschatten, öffnete ihre Post und hörte ihre Telefone ab.

Manche scheinen vergessen zu haben, dass der berüchtigte Watergate-Einbruch von den so genannten Klempnern verübt wurde, einer aus CIA-Agenten bestehenden, mit privaten Spenden finanzierten und von der CIA unterstützten Arbeitsgruppe im Weißen Haus, die ausdrücklich zu dem Zweck gebildet worden war, »undichte Stellen« zu verstopfen, das heißt Regierungsmitarbeiter auszuspähen, die verdächtigt wurden, die geheim gehaltene Bombardierung Kambodschas an die Öffentlichkeit gebracht zu haben. Zurzeit ist noch unklar, wie weit das neue Amt für Innere Sicherheit dem Kongress oder der Öffentlichkeit verantwortlich sein wird; schließlich hat dessen Chef, der vom Präsidenten ernannt wurde und im Rang etwa einem Minister gleichgestellt ist, sein Amt angetreten, ohne dass seine Ernennung vorher vom Kongress bestätigt worden wäre.

Ferner vergessen jene, die den Church-Ausschuss für die Versäumnisse der CIA verantwortlich machen, warum dieser und ähnliche Gremien geschaffen worden sind. Nachdem Richard Nixon 1974 als Präsident zurückgetreten war, erklärte Präsident Ford, er werde keine ungesetzlichen Aktivitäten der Geheimdienste dulden, und bildete den Rockefeller-Ausschuss zur Untersuchung von Missbräuchen der Nachrichtendienste. Später wurden dann der Church-Ausschuss und andere Gremien zur Überwachung der geheimdienstlichen Aktivitäten gebildet. Ende der siebziger Jahre legten diese Ausschüsse einen zweihundertdreiundsechzig Seiten starken Entwurf zur Reform der Nachrichtendienste vor, der von seinen Gegnern nach ausgiebigen Debatten im Kongress zu dem nur noch zwei Seiten umfassenden Gesetz über die Überwachung der Nachrichtendienste von 1980 zusammengestrichen wurde, das kaum noch Neues brachte.

Der Einmarsch der Sowjetunion in Afghanistan und der Sturz des Schahs im Iran, beides Ereignisse, die als Versagen der CIA betrachtet wurden, trugen weiter dazu bei, die öffentliche Besorgnis über ein Fehlverhalten der CIA zu dämpfen. Doch unter der Präsident Reagan wurde enthüllt, dass eine Gruppe von Mitarbeitern des Weißen Hauses den verdeckten Krieg in Mittelamerika unterstützt hatte, indem sie unter Umgehung des Gesetzes Waffen an den Iran verkauft und die Einnahmen daraus an die nicaraguanischen Contras weitergeleitet hatte. Nach dieser Affäre setzte der Kongress erneut gemeinsame Ausschüsse von Repräsentantenhaus und Senat ein, die sich mit illegalen Praktiken der Nachrichtendienste befassen sollten, und legte Entwürfe für eine Novellierung des Gesetzes über die Überwachung der Nachrichtendienste vor.

Nachdem Präsident Reagan aus dem Amt geschieden war, verschwanden diese Entwürfe in der Schublade, um dem neuen Präsidenten George H. W. Bush nicht unnötig die Hände zu binden. Somit haben auch nach dem Bericht des Church-Ausschusses weitere Skandale der CIA zwar für Empörung in der Öffentlichkeit gesorgt und eingehende Untersuchungen nach sich gezogen, die in Vorschlägen für Gesetzesänderungen mündeten, aber die Exekutive hat mit dem Argument, der Dienst hätte stets nur die besten Absichten verfolgt, regelmäßig erreicht, dass solche Entwürfe zurückgezogen wurden und einem weiteren Missbrauch staatlicher Machtbefugnisse wiederum kein Riegel vorgeschoben wurde.

Drittens und letztens erinnert das wachsende Beharren auf patriotischer Korrektheit fatal an den Zweiten Weltkrieg und den McCarthyismus während des Kalten Krieges. Es ist Besorgnis erregend, wenn Fernsehsender nicht nur feindliche Botschaften, sondern auch harmlose Kommentare freiwillig der Zensur unterwerfen, weil sie angeblich unpatriotisch oder politisch unkorrekt sind. In den kommenden Monaten muss offen diskutiert werden, auch wenn die Botschaft gelegentlich unerwünscht ist. Die Wahrheit über Verletzungen von Bürger- und Menschenrechten muss ans Tageslicht gebracht werden, ganz gleich, ob sie nun von Terroristen oder von unseren Bündnispartnern begangen wurden, von Israelis oder Palästinensern, von Pakistanern, den Taliban oder der Nordallianz oder sogar von Vertretern unserer eigenen Regierung. Politik, Justiz und Strafverfolgungsbehörden müssen in ihrer Tätigkeit peinlich genau auf die Einhaltung der bürgerlichen Freiheitsrechte achten und all jenen einen besonderen Schutz angedeihen lassen, die meinen, gegen die Politik unserer Regierung protestieren zu müssen.

Aber wir können uns nicht damit begnügen, unsere Freiheiten zu verteidigen; wir müssen auch von ihnen *Gebrauch machen.* Jetzt, da sowohl die Regierung als auch jeder Einzelne aufgerufen ist, mehr zu tun, wird es zwangsläufig zu Meinungsverschiedenheiten über die angemessenen Mittel und die Ziele der Regierungspolitik kommen. Als Gesellschaft müssen wir uns vor der repressiven Orthodoxie eines »gebührenden Patriotismus« hüten. Um einer ernsthaften Debatte willen müssen wir entschieden die Vorstellung zurückweisen, es sei irgendwie ungebührlich, die Absichten und Handlungen der Regierung in Frage zu stellen. Es ist niemals unpatriotisch, das, was die Regierung in unserem Namen unternimmt, mit Skepsis zu betrachten, vor allem in Kriegszeiten nicht.

Unsere Feinde in diesem Krieg sind darauf aus, unsere Gesellschaft zu zerstören, gerade weil sie offen, tolerant, pluralistisch und demokratisch ist. An ihrer Stelle sähen sie lieber eine Gesellschaft, die abgeschottet, rachsüchtig, repressiv und absolutistisch ist. Um wirklich den Sieg davonzutragen, müssen wir deshalb dafür sorgen, dass nicht nur ihr Angriff auf unsere Sicherheit scheitert, sondern auch der auf unsere Grundwerte.

Das Undenkbare neu denken.
Neue Prioritäten der nationalen Sicherheit

Paul Bracken

Unmittelbar nach den Anschlägen vom 11. September war die Regierung der USA bereit, jedes amerikanische Passagierflugzeug, das sich dem Weißen Haus oder dem Kapitol zu nähern schien, abzuschießen. Senatorin Hillary Clinton sagte zur Bekräftigung dieses furchtbaren Entschlusses: »In verzweifelten Zeiten wie diesen muss man das Undenkbare denken. Und ich für mein Teil hätte nicht lange über eine solche Entscheidung nachgedacht.«

Seither ist der Begriff des Undenkbaren oft benutzt worden, um sowohl die Geschehnisse am 11. September als auch befürchtete neue Katastrophen zu beschreiben. Das Wort war schon lange Teil des Vokabulars des Atomzeitalters, genauer gesagt, seit der Zukunftsforscher Herman Kahn 1962 sein Buch *Thinking the Unthinkable* veröffentlicht hatte. Aber es besteht ein großer Unterschied zwischen seiner früheren Verwendung im Kalten Krieg und dem neuen Sprachgebrauch nach dem 11. September. Kahn betonte in seinen Vorträgen und Texten stets, er denke nicht wirklich das Undenkbare, sondern nur *über* das Undenkbare nach. Hillary Clinton ließ die Präposition fallen. Es gab jetzt kein »über« mehr: Eine fremde Macht hatte einen verheerenden Schlag gegen amerikanische Bürger auf amerikanischem Boden geführt.

Der Angriff vom 11. September war eine völlig unerwartete Provokation. Er ähnelte dem auf Pearl Harbor, war in verschiedener Hinsicht aber auch einzigartig. Während die Täter rasch identifiziert werden konnten, rühmte sich niemand öffentlich der Verantwortung für die Tat. Darüber hinaus handelte es sich um den beispiellosen Versuch, einen Krieg zwischen Zivilisationen auszulösen, wie Osama bin Laden in

seinem Fernsehinterview vom 7. Oktober bestätigt hat. Dies
löste bei den Amerikanern das Gefühl aus, von vielen Seiten
gleichzeitig bedroht zu sein. In den folgenden Wochen mussten sie sich nicht nur mit der Gefahr auseinander setzen, dass
Flugzeuge vom Himmel fielen und riesige Gebäude einstürz-
ten, sondern auch mit dem Umstand, dass ganz alltägliche
Aktivitäten wie das Öffnen der Post tödlich sein konnten.
Neben dieser schockierenden, alles verwandelnden Wirkung auf das Leben der Nation markierte der 11. September
einen Wendepunkt in unseren Ansichten darüber, was nötig
ist, um die Stabilität des internationalen Systems aufrechtzuerhalten – und was es braucht, um diese Stabilität
zunichte zu machen. Traditionell hatte man den Krieg als
Auseinandersetzung zwischen Staaten verstanden. Zwar haben immer auch einzelne überspannte Individuen ihre Spur
in der Weltgeschichte hinterlassen – ein Attentäter an einer
Straßenecke in Sarajevo im Sommer 1914 beispielsweise –,
doch Gewalt in großem Ausmaß, die eine Weltmacht bis ins
Innerste zu erschüttern vermag, galt als Privileg der Nationalstaaten. Zudem war es seit geraumer Zeit immer seltener
zu größeren internationalen Konflikten gekommen. Als letztes Staatsoberhaupt hatte Saddam Hussein eine klassische In-
vasion eines Nachbarstaats versucht, wie sie in der Vergangenheit durchaus üblich war. Doch er ist von einer Koalition
unter Führung der USA zurückgedrängt worden, die im Namen der »internationalen Gemeinschaft« zu handeln beanspruchte – ein Begriff, hinter dem viele einen immer homo-
gener werdenden Zusammenschluss von Staaten sahen, die
durch gemeinsame Interessen und Werte verbunden waren
und Unbotmäßigen ihren Willen aufzwingen konnten. Dass
eine kleine, mit Teppichmessern und Märtyrerkomplex bewaffnete Gruppe von Terroristen solch eine Zerstörung anrichten konnte, zeigte die Fragilität dieser Konstruktion. Bin
Laden hat nicht nur die Sicherheit der USA, sondern generell
die Idee in Frage gestellt, dass es so etwas wie eine internatio-

nale Gemeinschaft gibt – ganz zu schweigen von der Vorstellung, diese Gemeinschaft könnte einen Krieg dieser neuen Art durch Abschreckung verhindern.

1.

Dem 11. September vorausgegangen war ein Versagen der Nachrichtendienste. Die Nation war nicht vor einem Angriff gewarnt worden, so dass er sie völlig unvorbereitet traf. Abgesehen von den Ergebnissen der Militäraktionen, werden zum neuen Sicherheitskonzept der Vereinigten Staaten Verbesserungen in der Tätigkeit der Nachrichtendienste und der inneren Sicherheit gehören müssen.

Es lässt sich eine große Anzahl rationaler Gründe dafür anführen, warum die Angriffe am 11. September so überraschend kamen. Am häufigsten genannt werden: unzureichende Geheimdienstarbeit, Versagen der Politik bei der Verarbeitung der dennoch gelieferten nachrichtendienstlichen Hinweise und die schiere Unmöglichkeit, einen solchen Überraschungsangriff zuverlässig vorherzusagen. All diese Gründe haben etwas für sich, aber derartige Rationalisierungen können künftige Überraschungen nicht verhindern. Falls die Arbeit der amerikanischen Nachrichtendienste nicht optimiert wird, werden Verbesserungen auf anderen Sektoren der nationalen Verteidigung von wesentlich geringerem Nutzen sein. Keine militärische Verbesserungsmaßnahme kann ein solches Versagen aufwiegen. Man stelle sich vor, wie der Kalte Krieg verlaufen wäre, wenn die USA nicht über zuverlässige Informationen verfügt hätten: Die nuklear bewaffneten Streitkräfte hätten ständig in Einsatzbereitschaft gehalten werden müssen, was die Gefahr eines zufällig ausgelösten Atomkriegs drastisch verschärft hätte. Die in Europa stationierten Truppen hätten sehr viel zahlreicher sein müssen, um einem Überraschungsangriff begegnen zu können, denn es wäre keine Zeit gewesen, sie zu verstärken. Und die Wahrscheinlichkeit, dass die Krisen um Berlin und Kuba in den sechziger Jahren in einen großen

Krieg umgekippt wären, wäre ohne die Informationen der Nachrichtendienste wesentlich größer gewesen. Die effektive Nachrichtendienstarbeit war direkt verantwortlich für die Stabilität der konfrontativen Situation im Kalten Krieg. Im Krieg gegen den Terrorismus wird ihre Bedeutung kaum geringer sein.

Über einige Jahre hinweg haben die CIA, die Nationale Sicherheitsagentur (NSA), die weltweit Nachrichten sammelt, und andere Teile des amerikanischen Nachrichtendienstapparats ihre Arbeit auf verschiedenen Gebieten verbessert, und einige Programme zur Behebung von Mängeln waren bereits vor dem 11. September angelaufen. Trotz der weiterhin bestehenden Probleme wäre es jedoch ein großer Fehler, das existierende System der Nachrichtendienste zu demontieren, um es hastig durch ein neues zu ersetzen. Die Erfahrungen mit diversen Organisationsreformen in Wirtschaft wie Politik zeigen, dass solche radikalen Umstrukturierungen fast immer die Leistungsfähigkeit der jeweiligen Organisation verringern. Im Gegensatz zu einer verbreiteten Ansicht lassen sich große Organisationen rasch umbilden, ohne dass sie vorher zerstört werden müssten. In den neunziger Jahren in führenden amerikanischen Unternehmen, wie IBM, General Electric und Allied Signal, vorgenommene Veränderungen sind Beispiele dafür, wie die Führung einer Organisation funktionsfähige Zentren im System identifizieren und neue aufbauen kann. Dies ist die Herausforderung, der sich jetzt die Nachrichtendienste gegenübersehen.

Grob gesagt, funktioniert das gegenwärtige System gut, soweit es die technische Informationsbeschaffung betrifft, besonders bei der Aufklärung solcher Dinge wie etwa der Anzahl der von China auf Taiwan gerichteten Raketen. Aber auch hier sind in verschiedener Hinsicht Verbesserungen nötig. Ein Problem liegt darin, dass viele neue technische Systeme erst vor kurzem eingeführt worden sind und für den effektiven Einsatz noch die nötige Bedienungserfahrung fehlt. Ein Beispiel sind unbemannte Flugzeuge, die Raketen, Kameras und Abhörgeräte an Bord haben. Da sie derart neu sind, wird es noch einige Zeit dauern, bis man sie ganz im Griff hat.

Ein anderes Problem liegt darin, dass Funksignale bislang von Antennen aufgefangen werden konnten, die zusammen mit den von Satelliten und Flugzeugen aus gemachten Fotografien den größten Teil unserer Nachrichtendienstinformationen lieferten. Im Informationszeitalter hat sich dies radikal geändert. Heute werden die Signale digitalisiert, der Computersprache angepasst. Digitale Informationen fließen über das Internet, über Glasfaserleitungen und Mobiltelefone, die nicht dem traditionellen Telefonsystem angeschlossen sind. Diese Art von Informationen zu sammeln ist sehr viel schwieriger, zumal wenn sie verschlüsselt worden sind.

In dieser Hinsicht ist eine Anstrengung vonnöten wie in den fünfziger Jahren, als die Satellitenfotografie möglich wurde. Damals holte die CIA die fähigsten Kräfte aus der Industrie, um sich die neue Technologie anzueignen. Was die neuen Informationstechnologien angeht, hat man sich schon eingehend mit ihnen befasst. Man braucht zwar dringend weitere Ressourcen, aber das Programm ist klar formuliert, und es wird bereits umgesetzt. Dies ist eines der Beispiele dafür, warum die Nachrichtendienste nicht durch unbesonnene Radikalreformen aus dem Tritt gebracht werden sollten. Es würde wahrscheinlich nur zum Abbruch der bereits laufenden Verbesserungsbemühungen führen.

Die im Zeitalter des Terrors benötigten neuen Fähigkeiten auszubilden ist die wichtigste Veränderung, die bei den Nachrichtendiensten eintreten muss. Am besten lassen sich Terroristen bekämpfen, wenn man unerkannt in ihre Zellen eindringt. Aber das erfordert Fähigkeiten, die den Nachrichtendiensten seit Jahrzehnten zusehends abhanden gekommen sind. Die CIA braucht bessere menschliche Quellen: Sie muss ausländische Agenten anwerben und führen, Informationen von Insidern der Terrorismusszene beschaffen und die Denkprozesse der Terroristen weit genug nachvollziehen können, um ihre nächsten Schritte antizipieren zu können. Sie braucht Agenten, welche die jeweilige Sprache beherrschen und über die nötige Erfahrung und Begabung verfügen, um ins Innere der einschlägigen Organisationen zu gelangen. In diesem Bereich sind die Aussichten für eine rasche Verbesserung nicht gut. Das bedeutet nicht, dass die Regeln für den Einsatz zwielichtiger Individuen oder das Verbot der Ermordung ausländischer Politiker gelockert werden sollten. Die Probleme liegen viel tiefer, und jeder Versuch einer raschen Reparatur (durch Änderung dieser Vorschriften) würde bestenfalls die Illusion einer Veränderung bringen, schlimmstenfalls aber die USA in Aktionen verwickeln, die sie bereuen würden.

Die CIA besaß einmal ein vorzügliches Agentennetz. In den späten vierziger Jahren organisierte sie die Werftarbeiter in Frankreich und die italienischen Gewerkschaften gegen den Kommunismus. Diese Operationen waren für die Sicherheit Westeuropas genau so wichtig wie die NATO-Armeen. Wäre Frankreich oder Italien durch einen Generalstreik oder durch manipulierte Wahlen an den Kommunismus gefallen, hätte dies dem Kommunismus immensen Auftrieb gegeben; es hätte den Anschein gehabt, als läge bei ihm die Zukunft. Zur Bekämpfung des Terrorismus ist es notwendig, diesen Umfang an menschlicher Nachrichtenbeschaffung wieder zu erreichen, sie den heutigen Erfordernissen der Terrorismusbekämpfung anzupassen und auf den Nahen Osten, Asien und andere Zonen zu konzentrieren.

Die frühe CIA bestand aus im besten Sinne des Wortes weltläufigen Mitarbeitern. Agenten der USA kannten die Führungspersönlichkeiten ihrer Länder, hatten aufgrund ihrer Herkunft Zugang zu deren Wirtschafts- und Finanzelite und verfügten über persönliche Verbindungen, durch die sie mit Menschen aus allen Gesellschaftsschichten in Kontakt kommen konnten. Gleichzeitig überschüttete Präsident Eisenhower die amerikanischen Universitäten mit Geld, damit

sie kompetente Regionalexperten ausbildeten, deren Sprach-
kenntnisse und Hintergrundwissen sie befähigten, ihr jewei-
liges Arbeitsgebiet zu beherrschen. Das Verteidigungsausbil-
dungsgesetz von 1958 schuf die Voraussetzungen dafür, dass
eine Generation von Gelehrten, Diplomaten und Agenten
Russisch lernte. Man vergleiche damit die Wochen nach dem
11. September, als die Regierung verzweifelt nach Leuten
suchte, die Puschtu konnten, die Sprache der Taliban. Es ist
erstaunlich, dass es zehn Jahre nach dem Ende des Kalten
Krieges noch keine vergleichbare Anstrengung der Regierung gibt, an den amerikanischen Universitäten Sprachkurse
und Veranstaltungen zu regionaler Geschichte und Kultur zu
fördern.

Die politische Situation ist natürlich heute völlig anders als
in den fünfziger Jahren. Nach dem Vietnamkrieg wollten viele
Universitäten kaum noch etwas mit der Regierung zu tun haben, und in den neunziger Jahren gingen Spitzenstudenten
nicht zur CIA, sondern ins Investmentbanking. Aber Amerika
hat eine der am stärksten globalisierten Ökonomien, und seine
Firmen sind überall. Insofern gibt es viele Möglichkeiten und
ein reiches Reservoir von Personen, aus dem man bei der Ausweitung der menschlichen Nachrichtenbeschaffung schöpfen
könnte. Notwendig sind Programme für Seiteneinsteiger, eine
stärkere Kooperation mit dem privaten Sektor und ein Informationsaustausch, der den Bedürfnissen aller Beteiligten ent-
gegenkommt. Dies ist ein langfristiges Problem. Wollte man
es kurzfristig allein durch die Lockerung der Regeln darüber
lösen, was die CIA in den Hinterhöfen und Einöden der Welt
treiben darf oder nicht, würde dies die Aufmerksamkeit nur
von der eigentlichen Aufgabe ablenken: einer ein Jahrzehnt
andauernden Bemühung, jene Sprach- und Landeskenntnisse
zu fördern, deren sich die CIA dann bedienen kann.

Voraussetzung dafür sind engere Beziehungen zwischen
der CIA und den Universitäten. In der heutigen Welt kann
sich keine Organisation allein alle relevanten Kenntnisse an-

eignen. Es wäre ein großer Fehler, Institute für das notwendige Sprach- und Landeskundestudium innerhalb des Regierungsapparats einzurichten, denn dies würde nur neue Abschottungstendenzen hervorrufen. Außerdem könnte die Kompetenz solcher Institute niemals an die der großen amerikanischen Universitäten heranreichen.

Schließlich muss die Unterscheidung zwischen menschlicher und technischer Informationsbeschaffung von Grund auf neu durchdacht werden. Das ist der große Unterschied zu den fünfziger Jahren. Der Erfolg hängt von beidem ab, nicht davon, dass man den einen Faktor auf Kosten des anderen bevorzugt. Presseberichten zufolge stammte der erste Hinweis auf die Angriffe vom 11. September aus einem abgehörten Telefongespräch, in dem Osama bin Laden seiner Frau in Syrien sagte, sie solle nach Afghanistan zurückkehren. Hätte man einen CIA-Agenten in bin Ladens Zelle gehabt, hätte man ihm nach Erhalt dieser wichtigen Information die Anweisung geben können, irgendeine Verwirrungsaktion zu starten, um einem Angriff zuvorzukommen. Ein solcher Agent hätte der Zentrale auch sagen können, welche gefälschten Internetbotschaften sie lancieren sollten, um die Gruppe zu spalten. Bei solchen Aktionen bedarf es eben des Zusammenspiels von technischem und menschlichem Faktor.

Das Prinzip, um das es hier geht, hat sich in der Wirtschaft bereits bewährt. Deren Management ist in den letzten zehn Jahren revolutioniert worden, weil sie neue Technologien und menschliche Talente integriert hat. Es kann nicht darum gehen, sich für das eine *oder* andere zu entscheiden. Das Problem, vor dem die Nachrichtendienste im Augenblick stehen, ist also lösbar. Dazu aber muss man aufhören, das vorhandene Potenzial zu zerstören, und die größere Herausforderung annehmen, die darin liegt, es auf effektive Weise zu vergrößern. Wir brauchen eine neue Generation von Profis, die es verstehen, Agenten und technischen Apparat in reibungslosem Zusammenspiel einzusetzen.

2.

Das zweite auffällige Versagen im Zusammenhang mit dem
11. September ist das der Landesverteidigung. Die Tatsache,
dass das Pentagon auf der Zielliste der Terroristen stand –
und mehr noch, dass es tatsächlich getroffen wurde –, ist Beweis dafür, dass das Verteidigungsministerium tatsächlich einen irreführenden Namen trägt. Während des Jahrzehnts
nach dem Ende des Kalten Krieges hätte man es zu verschiedenen Zeitpunkten Ministerium für regionale Stabilität, Frie-
densschutzministerium oder Ministerium zur Kontrolle von
Schurkenstaaten nennen können – oder auch so, wie es bis
1947 hieß: Kriegsministerium. Aber der Begriff »Verteidigung« wurde lächerlich überdehnt, um Interventionen in Somalia und auf dem Balkan, Umweltschutz und wirtschaftliche
Absicherung einzubeziehen. Das Einzige, was unberücksich-
tigt blieb, war die Verteidigung des amerikanischen Volks.
Während die USA in die Welt hinauszogen, um Drachen wie
Saddam Hussein oder Slobodan Milošević zu erlegen oder
zumindest zu zähmen, wurde die Verwundbarkeit zu Hause
nur von wenigen wahrgenommen.

Wie sich gezeigt hat, waren die USA zumindest in zweier-
lei Hinsicht verletzbar: durch Flugzeugattacken wie die auf
das World Trade Center und das Pentagon und durch Anschläge wie die bald darauf folgende Milzbrandkampagne.
Diese Erfahrungen brachten andere mögliche Bedrohungen
ins Bewusstsein: Kontaminierung des Trinkwassers, Angriffe
auf andere Teile der Infrastruktur und – als unüberbietbaren
Alptraum – Anschläge mit Massenvernichtungsmitteln. Am
meisten schockierte die Amerikaner die Leichtigkeit, mit der
die vier Flugzeuge entführt worden waren. Die Entführer
waren auf amerikanischen Flugschulen ausgebildet worden,
unter ihrem eigenen Namen durchs Land gereist und ständig
miteinander in Verbindung gewesen. Dennoch hatte niemand etwas bemerkt – zumindest hatte niemand etwas unter-

nommen. Nach den Katastrophen waren viele Regierungs-
vertreter wochenlang nicht fähig, die Namen der Terroristen
richtig auszusprechen. Und was dann im Zusammenhang mit
den bioterroristischen Zwischenfällen geschah, erinnerte an
einen Slapstickfilm: Fälle von Milzbrand wurden nicht ge-
meldet; Techniker in New York verseuchten einen Teil ihres
eigenen Labors, in dem Milzbrandtests durchgeführt wurden; in Florida teilten Beamte den Mitarbeitern einer Zei-
tung mit, sie könnten gefahrlos in ihrer Redaktion arbeiten,
obwohl ein Fotoredakteur an Milzbrand gestorben war, und
dann wurde die Redaktion doch geschlossen – nachdem die
meisten Angestellten das Wochenende über dort gearbeitet
hatten; der Bürokomplex eines der beiden Häuser des Kongresses wurde geschlossen, der des anderen nicht; es wurde
bekannt, dass keinerlei Vorräte von Antibiotika oder Impfstoffen angelegt worden waren; und währenddessen forderte
die Regierung die Öffentlichkeit immerzu auf, nicht in Panik
zu verfallen.

Diese Slapstickreaktionen unterstreichen die Notwendigkeit, die Sicherheitspolitik im Inland von Grund auf neu zu
gestalten. Nach den Angriffen vom 11. September wurde erst-
mals ein Amt für Innere Sicherheit geschaffen. Die für diesen
Bereich zuständigen Stellen sind in den USA über vierzig
Bundesbehörden verteilt, darunter die Küstenwache, Teile
der CIA, Teile des Militärs, die Ämter für Seuchenkontrolle,
der Grenzschutz, das FBI, der Secret Service und mindestens
zwei Dutzend andere Organisationen. Dennoch wäre es
falsch, das Problem der inneren Sicherheit allein in der orga-
nisatorischen Fragmentierung zu sehen, denn dies würde sug-
gerieren, dass es eine organisatorische Patentlösung gibt. Das
Sicherheitsproblem berührt jedoch so viele verschiedene Gebiete – Computernetze, Fluggesellschaften, die Verfolgung
gefährlicher Personen, den Schutz der Häfen –, dass es völlig
unmöglich ist, die Autorität für die erforderlichen Maßnahmen bei einer einzigen Behörde zu konzentrieren.

Die USA sind im Augenblick dabei, die innere Sicherheit neu zu organisieren. Es geht um Grundlegendes: den Schutz der Grenzen, den Aufbau von Vorräten an Antibiotika und Impfstoffen, die Kontrolle des See- und Luftverkehrs, eine bessere Überwachungstechnologie. Das Problem ist so dringlich, dass man sich nicht allzu viel Gedanken machen sollte, ob hier oder dort vielleicht Geld verschwendet wird, jedenfalls nicht kurzfristig. Andererseits wird das neue Amt für Innere Sicherheit entscheiden müssen, welche dieser Vorhaben langfristig sinnvoll sind. Die Verantwortung für eine ständige Kontrolle der Umwelt auf Seuchenerreger sollte bei den Ämtern für Seuchenkontrolle verbleiben. Die Häfen sollten nach wie vor in die Zuständigkeit der Küstenwache fallen. Air Marshals sollten unsere Flugzeuge schützen. Es hat keinen Sinn, einer neuen Behörde die Oberaufsicht über diese Programme zu übergeben.

Sinnvoll wäre es, wenn das Amt für Innere Sicherheit die Abstimmung zwischen den verschiedenen Aktivitäten übernehmen würde. Denn solange diese nicht gegeneinander abgewogen und dem Präsidenten in geordneter Weise zur Entscheidung vorgelegt worden sind, wird die Regierung eine Vielzahl chaotischer und widersprüchlicher Maßnahmen treffen. Was ist besser, schärfere Grenzkontrollen oder die Einführung des Personalausweises? Grenzkontrolle bedeutet die Verteidigung einer Frontlinie – die Bösen werden aufgehalten, ehe sie eindringen; der Personalausweis könnte die Verteidigung in der Tiefe des Raumes erleichtern – man kann die Bösen fangen, wenn sie bereits da sind. Den Präsidenten bei der Entscheidungsfindung auf diesem Gebiet zu unterstützen sollte eine der Hauptfunktionen des Amts für Innere Sicherheit sein.

Eine weitere Funktion wäre das Durchspielen von Notfallplänen, damit diese die Lage im Ernstfall wenigstens nicht weiter verschlimmern. Eine Studie des Nationallabors Los Alamos hat ergeben, dass durch Verkehrsstaus nach einem bioterroristischen Anschlag unbeabsichtigt Tausende von Menschen an Orten festgehalten würden, wo sie bei ungünstigem Wind dem Angriff erst recht ausgeliefert wären. Die Zahl der Opfer würde sich beträchtlich erhöhen, womit das Verkehrssystem zum ahnungslosen Instrument des Massenmords geworden wäre. Welcher Regierungsbeamte würde wohl während einer Katastrophe an so etwas denken? Begreift man die wichtigen Fragen schon vor einer Krise, kann man Pläne aufstellen, die eine wesentlich effektivere Reaktion ermöglichen als nach dem 11. September.

In Bezug auf die innere Sicherheit geht es zunächst einmal also darum, die Grundlagen zu schaffen – egal, zu welchem Preis. Die möglichen Abläufe müssen durchgespielt werden, und es müssen jene Vorbereitungen getroffen werden, deren Fehlen am 11. September deutlich geworden ist. Langfristig muss dann mit Blick auf komplexe und noch kaum begriffene Querverbindungen entschieden werden, welche Maßnahmen sinnvoll sind.

3.

Auch die politischen Konsequenzen der Tatsache, dass Amerika zum Schlachtfeld des Terrorismus geworden ist, bedürfen größerer Aufmerksamkeit. In der Vergangenheit spielten sich die großen Krisen stets in weiter Ferne ab. Nach dem Beginn der Intervention in Vietnam dauerte es Jahre, ehe der Konflikt in den USA selbst ins Bewusstsein rückte. Das geschah erst, als amerikanische Soldaten in größerer Zahl in Leichensäcken nach Hause zurückkehrten.

Heute haben wir die Leichensäcke in den Straßen von New York gesehen. Amerika liegt jetzt selbst in der Terrorzone; die Heimat ist zum Schlachtfeld geworden. Die Folge ist, dass eine Freiheit, die wir so lange genossen haben, dahin ist: die nämlich, dass wir uns für ein politisches Vorgehen entscheiden konnten, ohne dessen Auswirkungen im Inland in Betracht ziehen zu müssen. Das macht vieles komplizierter. So wird es der politischen Führung schwerer fallen, das Tempo einer Krise oder eines Krieges zu bestimmen, und diese Kontrolle ist oft entscheidend für die Bewältigung der jeweiligen Krise. Zum einen braucht es Zeit, sich darüber klar zu werden, was genau geschehen ist, und zum anderen benötigt das Pentagon, da der größte Teil der amerikanischen Streitkräfte in der Heimat stationiert ist, einen gewissen Vorlauf, um eine Auslandsaktion in die Wege zu leiten. Der Luxus eines gründlich überlegten Handelns mag zu den wichtigsten Opfern des 11. September zählen.

Als Gesellschaft werden wir lernen müssen, mit dem Terrorismus zu leben. Vor allem in dieser Hinsicht haben die Menschen Recht, wenn sie feststellen, dass sich alles verändert habe. Dies führt zu der paradoxen Situation, dass es einerseits über Nacht zum Teil des Alltags geworden ist, mit der Bedrohung durch den Terrorismus zu leben, dies aber andererseits bei weitem der Alternative vorzuziehen ist, die darin bestände, sich von einer falschen Ruhe einlullen zu lassen und die Sicherheitsvorkehrungen zu vernachlässigen, so dass im Ernstfall improvisiert werden müsste.

Israel und andere Staaten müssen schon seit langem mit dem Terror leben, das heißt sich auf ihn einrichten. Eine Gesellschaft, die sich mit dem Terrorismus auseinander setzen muss, kann nicht spontan und chaotisch auf jeden neuen Zwischenfall reagieren und dabei vergessen, was sie beim letzten Mal gelernt hat. Andererseits kann sie auch nicht über Jahre hinweg in extremer Alarmbereitschaft bleiben. Das angemessene Gleichgewicht zu finden ist eine weitere Aufgabe des Amts für Innere Sicherheit.

Es gibt einen entscheidenden Zusammenhang zwischen der Art und Weise, wie wir die Menschen in der Heimat schützen, und der Art, wie wir im Ausland gegen unsere Feinde vorgehen – jedenfalls sollte es ihn geben. Wenn eine amerikanische Stadt von einem Angriff mit chemischen oder biologischen Waffen bedroht wird oder betroffen ist, muss der

Präsident die Möglichkeit haben, sie schnell evakuieren und rasche Schläge gegen ausländische Ziele ausführen zu lassen. Die Evakuierung wird dazu beitragen, die Militärschläge zu legitimieren, und diese Gegenschläge können ihrerseits, wenn sie rasch geführt werden, die Fähigkeit der Terroristen zu einem Folgeangriff einschränken. All dies setzt voraus, dass bereits vorher bestimmte Ziele ausgewählt worden sind, dass Flugzeuge und andere militärische Angriffsmittel auf Abruf einsatzbereit sind. Die Israelis praktizieren dies seit Jahren; es gehört zu ihrem System nationaler Sicherheit. Vielleicht muss es auch Teil des unseren werden.

4.

Der 11. September hat eindringlich vor Augen geführt, dass der Kampf gegen die Verbreitung gefährlicher Technologien eine neue Priorität der amerikanischen Diplomatie werden muss. Nach dem Zusammenbruch der Sowjetunion und dem Ende des Kalten Krieges bestand die große Hoffnung, dass die Welt sich friedlich weiterentwickeln und auf wirtschaftliche Fortschritte und politische Liberalisierung konzentrieren würde. In dieser Richtung sind bedeutsame Fortschritte zu verzeichnen, aber es gibt auch beunruhigende Entwicklungen, insbesondere das Wachstum des Klubs der Atommächte, dem nun auch Indien und Pakistan angehören; einige weitere Länder stehen als Kandidaten vor der Tür. Zudem besitzen diverse Nationen – von Israel bis Nordkorea – entweder bereits Massenvernichtungswaffen sowie die Fähigkeit, diese mit Raketen zum Einsatz zu bringen, oder sie sind dabei, sie zu entwickeln.

Das nukleare Patt zwischen den USA und der Sowjetunion war in kritischen Augenblicken prekär genug, da immer die Möglichkeit bestand, dass man sich haarscharf verkalkulierte, dass durch ein technisches Versehen ein Angriff eingeleitet wurde oder irgendein durchgeknallter General aus eigenem Antrieb auf den Knopf drückte. Im zweiten Nuklearzeitalter, in dem wir uns heute befinden, sind solche Risiken angesichts der Vielzahl von Antagonismen und des Mangels an Verhaltensmustern und eingeführten Prozeduren für die Konfliktvermeidung noch weitaus größer.

Von allen einschlägigen Konfrontationen ist die zwischen Indien und Pakistan am besorgniserregendsten, da beide Kontrahenten ihr nukleares Potenzial bereits proklamiert und vorgezeigt und schon vier Kriege gegeneinander geführt haben, einschließlich der schweren und sich hinziehenden Grenzscharmützel im Jahr 1999. Konzepte, wie die USA und die Sowjetunion sie im Kalten Krieg entwickelt hatten – gegenseitige Abschreckung, Eskalationskontrolle, Krisenmanagement –, gehören schlicht nicht zum politischen Arsenal der Staaten im Nahen Osten und in Südasien. Man kann sich nur allzu leicht eine eskalierende und schließlich außer Kontrolle geratende Krise ausmalen. Beginnen könnte sie etwa mit einem Terrorakt, sagen wir: einem weiteren Massaker in Kaschmir, wo solche Vorfälle in den letzten Jahren häufig waren, gefolgt von einem indischen Vergeltungsschlag ...

Vor diesem Hintergrund wäre es wichtig, Indien und Pakistan eine Perspektive aufzuzeigen, die ihnen einen Ansporn böte, endlich mit der Rüstungskontrolle Ernst zu machen. Niemand wäre kraft seiner Stellung auf der Welt besser dazu in der Lage als die USA.

5.

Neben ihrem nuklearen Wettrüsten haben Indien und Pakistan auch den Terrorismus als Mittel der verdeckten Fortsetzung ihrer Außen- und Verteidigungspolitik eingesetzt. Eine vergleichbare Gefahr existierte im Kontext der amerikanisch-russischen Beziehungen während des Kalten Krieges nicht. Das nukleare Gleichgewicht zwischen den Supermächten blieb vor allem deshalb stabil, weil sie sich bei ihren globalen und regionalen Rivalitäten eine gewisse Selbstbeschränkung auferlegten. Trotz einiger Ausnahmen, wie der Unterstützung der westdeutschen RAF durch die DDR, spielte der Terrorismus weder für die Sowjetunion noch für ihre Verbündeten im Warschauer Pakt bei ihrem Bestreben, die USA und deren Interessen zu untergraben, eine größere Rolle. Da die USA sowohl zu Indien als auch zu Pakistan gute Beziehungen unterhalten, besitzen sie einzigartige Möglichkeiten, beide Länder dazu zu bewegen, nicht länger mit bewaffneten Gruppen das Territorium der anderen Seite zu infiltrieren oder gewalttätige einheimische Gruppen jenseits der Grenze zu unterstützen. Die Vorteile einer solchen Veränderung sind unbestreitbar, um nicht zu sagen zwingend. Der Teufelskreis von Provokation und Vergeltung ist schwer zu beherrschen, und terroristische Gruppen sind es ebenso wenig, auch wenn die eine oder andere Seite glauben mag, sie benütze sie lediglich als bequemes Werkzeug. Terroristen sind per Definition keiner Autorität verpflichtet und verachten traditionelle politische oder gar diplomatische Rücksichten und Einschränkungen. Sie lehnen sich, wie gegen den Rest der Welt, auch gegen diejenigen auf, die sie finanzieren und beherbergen. Sie ähneln wahrhaftig Frankensteins Monster. Man möge sich bei den Saudis erkundigen. Daher sollten die amerikanischen Vertreter bei den bevorstehenden schwierigen Verhandlungen mit Neu-Delhi und Islamabad Festigkeit zeigen.

Ein noch größeres Problem ist, was man mit den so genannten Schurkenstaaten tun soll, vor allem mit dem Irak. Der 11. September und die Wochen danach, insbesondere die ominösen Milzbrandanschläge, haben unterstrichen, dass wir es mit Terroristen zu tun haben, die zwar ihre eigenen Ziele verfolgen und von niemandem Befehle entgegennehmen mögen, dennoch aber die Unterstützung von Staaten genießen, die jahrelange Anstrengungen darauf verwandt haben, in den Besitz der Technologie des Massenmords zu gelangen. Heute verfügen diese Staaten über ein beträchtliches technisches Wissen und können uns mit Waffen angreifen, die ebenso avanciert wie tödlich sind, und einige von ihnen – wiederum ist hier vor allem an den Irak zu denken – sind nur zu bereit, dieses Wissen an Terroristen weiterzugeben. Ob sie nun eigene Agenten ausbilden oder ihr Wissen Gruppen zur Verfügung stellen, deren Ziele denen von Saddam Hussein und seinesgleichen ähneln – die Aussichten sind erschreckend. Milzbrandsporen so zu behandeln, dass sie in die menschliche Lunge eindringen können; eine wirksame Mixtur des Nervengases Sarin herzustellen; einen Plan zu entwickeln, wie man eine ganze Stadt durch ein paar infizierte Selbstmordattentäter mit Pocken verseucht – diese Fähigkeiten gehören zur Grundausstattung des modernen Terrorismus. Diese und ähnliche Techniken, die einst das Monopol der USA und der Sowjetunion waren, werden heute von rund fünfundzwanzig Nationen beherrscht und sind über diese, wie man annehmen muss, weltweit zu terroristischen Gruppen durchgesickert. Der Technologietransfer vom Nationalstaat zum Terroristen bedeutet, dass selbst Personen ohne spezielle Ausbildung spektakuläre materielle Schäden anrichten und unzählige Menschen in den Tod reißen können.

Diese Bedrohung – die der ganzen Welt jetzt so dramatisch vor Augen geführt worden ist – birgt aber auch eine Chance in sich. Denn soll die internationale Gemeinschaft als funktionierendes Konzept überleben, muss sie sich *einhellig* der Aufgabe gewachsen zeigen, ein Verbot gefährlicher Exporte und eine strenge Bestrafung aller Staaten, die dieses Verbot missachten, durchzusetzen. Tatsächlich sollte die Bezeichnung »Schurkenstaat« eine allgemein gültige Bedeutung annehmen: Sie sollte einen Staat benennen, der Gruppen wie al-Qaida Anthrax, Sarin, Pockenviren oder Ähnliches überlässt. Im Fall des Irak hieße dies, dass alle anderen Länder, ungeachtet ihrer Sympathien oder besonderen Interessen, sich zusammenschließen müssten, um das gegenwärtige Regime in Bagdad – wie jedes andere, das mit biologischen, chemischen oder atomaren Waffen handelt – zu isolieren.

In ähnlicher Weise eröffnet die gegenwärtige Krise den USA die Chance, sich im Rahmen der Vereinten Nationen und darüber hinaus an die Spitze einer solchen Bewegung zu setzen. Als Opfer der Terrorkampagne, die am 11. September begonnen hat, haben die USA einen Anfangsvorteil bei den bevorstehenden Verhandlungs- und Diskussionsrunden darüber, wie man die existierenden Kontrollen verschärfen, neue einrichten und – am allerwichtigsten – alle diese Maßnahmen durchsetzen kann.

Bin Laden und seine Helfershelfer und Unterstützer wollten die Welt spalten, indem sie Angst und Schrecken erzeugten. Insofern wäre es eine angemessene – wenn auch nicht hinreichende – Strafe für sie, wenn sich ihre Tat stattdessen so auswirkte, dass die Welt sich darauf einigt, dem schlimmsten aller schlimmen Geschäfte ein Ende zu bereiten – der Verbreitung von Massenvernichtungswaffen.

Die Herausforderung an die Wissenschaft.
Wie lässt sich der Erfindungsreichtum Amerikas mobilisieren?

Maxine Singer

»Die Methoden und Mechanismen der Kriegführung haben sich in letzter Zeit radikal verändert, und sie werden sich in Zukunft weiter verändern. Unser Land ist aufgrund des Erfindungsreichtums seiner Bevölkerung, des Wissens und Könnens seiner Wissenschaftler und der Flexibilität der Industriestruktur einzigartig dafür ausgerüstet, sich in den Künsten des Friedens und, wenn es notwendig ist, auch in denen des Krieges hervorzutun. Die Wissenschaftler und Techniker des Landes ... können in enger Zusammenarbeit mit den Streitkräften von wesentlichem Nutzen bei der vor uns liegenden Aufgabe sein.«

Diese Zeilen stammen aus dem Juni 1940, beschreiben aber auch die Herausforderung, der wir uns nach dem 11. September gegenübersehen. Ihr Autor ist Vannevar Bush, ein kühner Ingenieur und, wie er selbst erklärte, »nicht zu zügelnder Erfinder«, der Ende der dreißiger Jahre vom Massachusetts Institute of Technology nach Washington gegangen war, um dort die Forschungen am Carnegie Institute zu leiten – auf dem Posten, den ich heute innehabe.

Präsident Franklin D. Roosevelt und Bush waren sich einig darin, dass Amerika wahrscheinlich bald in den Krieg eintreten und die Wissenschaft dann von entscheidender Bedeutung sein würde. Roosevelt kritzelte ein »Okay« und seine Initialen auf das Bush-Memorandum und gab ihm das Geld und die Autorität, um – unter seiner eigenen Leitung – den Nationalen Ausschuss für militärische Forschung (NDRC) zu schaffen. Dabei wurden das Verteidigungsministerium und die Spitzen der Teilstreitkräfte übergangen. Nach Bushs Ansicht schotteten Bürokratie, Geheimhaltung und interne Rivalitäten das Militär von wichtigen neuen wissenschaftlichen und technischen Ideen ab, eine Blockade, die in beiden Richtungen funktionierte: Einerseits vermochte es das Militär nicht, die erfindungsreichsten und originellsten Köpfe aus dem privaten Sektor an sich zu ziehen – oder es wollte es nicht; andererseits gab es für den privaten Sektor keinen Kanal zum Militär. Außerdem war Bush der Meinung, dass bereits die mangelnde Kommunikation und Kooperation zwischen den Teilstreitkräften deren Möglichkeiten, in einem Krieg effektiv zu handeln, einschränkte.

Das Geld für das NDRC wurde aus dem Dringlichkeitsfonds des Weißen Hauses bereitgestellt, und der Ausschuss nahm seine Arbeit auf. Im Mai 1941 wurde er mit dem kurz zuvor gegründeten Ausschuss für medizinische Forschung zum Amt für wissenschaftliche Forschung und Entwicklung (OSRD) vereinigt. Zu diesem Zeitpunkt hatten Bush und die Gruppe hervorragender Wissenschaftler, die den Lenkungsausschuss bildeten, bereits wichtige Projekte auf den Weg gebracht. Bis zum Ende des Zweiten Weltkriegs sollte das OSRD landesweit Tausende von Naturwissenschaftlern, Medizinern und Ingenieuren anwerben und unterstützen, damit sie ihre Phantasie und ihre Kenntnisse in den Dienst einer neuen Art von Kriegführung stellten. Zu den Beiträgen, die das OSRD zum alliierten Siegen beisteuerte, gehörten das Radar, die Atombombe, der Annäherungszünder und das Penizillin.

Das OSRD stand vor drei Aufgaben: Erstens musste es die zu behandelnden Probleme erkennen, sie landesweit phantasiebegabten, kompetenten Wissenschaftlern und Technikern zuteilen und diese mit ausreichenden Mitteln ausstatten. Zweitens musste es das Militär davon überzeugen, dass es der Mühe wert war, sich über die außerhalb des Regierungsapparats entwickelten Ideen und Geräte zu informieren und sie im Krieg und später bei der Friedenssicherung einzusetzen. Das Militär verfügte über eigene Wissenschaftler und wissenschaftliche Projekte, aber es gab, wie der bedeutende Wissenschaftshistoriker Daniel Kevles bemerkt hat, »einfach keine übergreifende Organisation innerhalb des Militärapparats, welche die technischen Büros der beiden Teilstreitkräfte [Heer und Marine] miteinander oder mit der außermilitärischen Welt verbunden hätte«. Drittens schließlich musste das OSRD die effiziente Produktion der entwickelten Geräte überwachen und ihren Einsatz im Krieg beobachten, damit sie ständig verbessert werden konnten.

Der innovativen, nützlichen, kooperativen Forschung den Weg zu bahnen war nicht einfach. Bush musste fortwährend gegen jene Sektoren des Militärapparats intrigieren, die sich am stärksten gegen die Zusammenarbeit mit Zivilisten und anderen Teilen des Militärs sträubten. Er stellte klar, dass es die Aufgabe des OSRD war, Ideen zu liefern und Forschung zu betreiben, und nicht – zumindest nicht von vornherein – Waffen zu entwickeln oder den Streitkräften die Verantwortung für Strategie und Taktik abzunehmen. Am Ende erreichte er tatsächlich, dass die Wissenschaftler und Techniker des Militärs und jene, die das OSRD von den Universitäten und aus der Industrie geholt hatte, effektiv zusammenarbeiteten.

I.

Als die USA am 11. September in eine neue Art von Krieg verwickelt wurden, einen Krieg gegen den globalen Terrorismus, war dies eine andere Herausforderung als jene, vor der sie in den vierziger Jahren gestanden hatten. Doch heute wie damals braucht die Nation die speziellen Talente ihrer Wissenschaftler und Techniker.

Im Zweiten Weltkrieg war klar, wer die Aggressoren waren. Waffen und Offensiven der Achsenmächte waren im Wesentlichen bekannt beziehungsweise vorherzusagen, obwohl mit neuen Technologien gerechnet werden musste. Die USA traten nach einer Periode weitgehender Isolation erst spät in den Krieg ein. Während die Bevölkerung in vielen Teilen der Welt Ziel schwerer Angriffe war, bestand für jene der USA und für deren Territorium – von Pearl Harbor abgesehen – nie eine Bedrohung, und so war der ansonsten allgegenwärtige Krieg für die Amerikaner eine rein militärische Angelegenheit.

Der heutige Terrorismus ist ebenfalls global, aber die Täter, ihre Stützpunkte, ihre Waffen sowie Art, Zeitpunkt und Ziel ihrer Angriffe sind nicht vorhersehbar. Was immer nachfolgen mag, es wird wohl wie das bereits Geschehene sein: schlau, billig, einfach, tödlich. Die USA haben seit dem Ende des Zweiten Weltkriegs keine isolationistische Position mehr eingenommen und ihre militärische, diplomatische, wirtschaftliche und technische Macht ein halbes Jahrhundert lang weltweit ausgeübt. Die Kehrseite dieses globalen Engagements ist die Verletzlichkeit zu Hause.

Schon Ende der dreißiger Jahre hielt das Militär in den USA technische Forschung für wesentlich, aber wirtschaftliche und politische Erwägungen ließen die entsprechenden Investitionen nicht über 0,6 Prozent des Verteidigungsbudgets steigen. Noch wichtiger war, dass der Aufwand, den man betrieb, nicht innovativ war. Es ließ sich, Kevles zufolge, bestenfalls sagen, dass diese Forschung »die im Ersten Weltkrieg eingesetzten Mittel auf ein Niveau größerer Ausgereiftheit und Effizienz gebracht hat«.

Heute spielen kompetente Wissenschaftler und Techniker eine zentrale Rolle bei den Anstrengungen des Verteidigungsministeriums, der CIA, der NSA und des FBI. Zusammen betreiben diese Organisationen eine verwirrende Vielfalt von Programmen, die ihnen neues Wissen und neue Technologien vermitteln sollen. Dabei ist jedoch unklar, ob die verschiedenen Stellen innerhalb einer Organisation die Ergebnisse ihrer Programme auf effiziente Weise untereinander austauschen. Noch schlimmer sieht es um die Verbindungen zwischen diesen Organisationen sowie zwischen ihnen und wissenschaftlichen Instituten wie dem Nationalen Gesundheitsinstitut (NIH), der Nationalen Wissenschaftsstiftung

(NSF) und der NASA aus. Ähnlich wie Ende der dreißiger Jahre machen sich Wissenschaftler, die mit der Situation vertraut sind, Sorgen über die tatsächliche Effektivität dieser Verbindungen zur Forschung und die rasche, intelligente Umsetzung neuer Ergebnisse. Außerdem schenkt man zwar der Verteidigung gegen terroristische Angriffe und dem Kampf gegen den Terrorismus mittlerweile eine gewisse Aufmerksamkeit, aber nach wie vor dominieren rein militärische Fragen die Szene.

Seit dem Ende des Kalten Krieges und trotz der wachsenden Besorgnis über den Terrorismus ist das Forschungs- und Entwicklungsbudget des Verteidigungsministeriums um etwa ein Drittel geschrumpft. Bei den Nachrichtendiensten sieht es noch ungünstiger aus, obwohl deren Effizienz eine entscheidende Waffe gegen den Terrorismus wäre. Glaubwürdigen Schätzungen zufolge werden nur zwei bis drei Prozent des Operationsbudgets der CIA, das sich auf etwa achtzig Millionen Dollar beläuft, für Forschung und Entwicklung verwendet.

Um sich in wissenschaftlichen und technischen Fragen Rat zu holen, wenden sich die Nachrichtendienste in gewissem Umfang an den privaten Sektor. Dennoch bemängeln Wissenschaftler und Techniker der großen Universitäten, der Industrie und der Forschungsinstitute, den Regierungsbehörden fehle es an der nötigen Offenheit für neue Einsichten und originelle Ideen, die mehr bewirken könnten als nur einen besseren Einsatz bereits existierender Technologien. Viele Forscher sind gut ausgebildete und erfahrene Problemlöser, die beim Herangehen an schwierige Fragen ihre Erfahrung nutzen, um tief verborgene Strukturen zu erkennen und zu analysieren, indem sie sich zunächst außerhalb des vertrauten Bezugsrahmens stellen. Darunter sind auch Gelehrte mit profunden Kenntnissen über jene Länder, die Terroristen hervorbringen oder ihnen Schutz gewähren. Wenn unser Kampf gegen den internationalen Terrorismus erfolgreich sein soll, werden wir uns ihrer Fähigkeiten und ihrer Ideen bedienen müssen.

Wie in den Zeiten von Vannevar Bush neigen die traditionellen Profis (die Militärs eingeschlossen), ungeachtet ihrer Fähigkeiten und ihrer Einsatzbereitschaft, dazu, neuen Herausforderungen mit alten Methoden und Einstellungen zu begegnen. Das ist keine Kritik; so funktionieren die meisten von uns nun einmal. Trotz aller guten Absichten werden das Militär und die Nachrichtendienste der USA in ihren Aktionen stark behindert sein, wenn sie die außerhalb des Regierungsapparates vorhandenen Kenntnisse und Ideen ignorieren. Dieser Gedankengang führte zur Gründung der Agentur für militärische Sonderforschungsprojekte (DARPA) durch das Pentagon im Jahr 1958. Ursprünglich war die Struktur der DARPA derjenigen des OSRD nachgebildet, und ihr Ansatz entsprach der weit gespannten Zielsetzung des OSRD. Das bedeutete, dass einzelne Wissenschaftler mit klugen Ideen aufgefordert wurden, diese darzulegen, und Unterstützung erhielten. Im Lauf von über vier Jahrzehnten hat die DARPA eine Reihe organisatorischer und programmatischer Veränderungen durchlaufen. Dabei hat sie ihre früheren weit gefassten Ziele zugunsten begrenzterer, vom Militärapparat vorgegebener Projekte aufgegeben. Infolgedessen ist es weniger wahrscheinlich geworden, dass ihr aus dem zivilen Wissenschaftsbetrieb ungewöhnliche Ideen zugetragen werden, das heißt solche, die nicht nur ein bereits definiertes Ziel auf neue Weise angehen, sondern selbst neue Ziele setzen. Und während die frühere DARPA auf gute Ideen prompt reagieren konnte (im Kalten Krieg konnte sie, wenn ihr eine Idee zusagte, innerhalb weniger Stunden Zuschüsse bewilligen), hat sich mittlerweile ein langwieriger Entscheidungsprozess herausgebildet, in dem die Projekte vor der Bewilligung von Mitteln einer gründlichen Prüfung unterzogen werden. Es ist natürlich begrüßenswert, wenn Vorschläge sorgfältig geprüft werden, aber in einer Krisensituation bedeutet dies auch, dass wertvolle Zeit verloren geht. Weitere Verzögerungen entstehen, weil die Forscher nicht genau wissen, an wen sie sich innerhalb der Bürokratie wenden sollen, wenn sie bei einem von der DARPA geförderten Projekt erste Erfolge erzielt haben und nun den nächsten Schritt tun wollen.

Die DARPA unterstützt manche wichtigen und innovativen Forschungsvorhaben. Im Juni 2001 wurden in einer Anhörung vor dem Kongress originelle und teilweise geradezu futuristische Projekte vorgestellt. Aber derselben Anhörung zufolge werden nur fünfzehn Prozent des Budgets der DARPA für Vorhaben bereitgestellt, die eine Bedeutung für die Sicherheit und Verteidigung des amerikanischen Territoriums haben, sich also beispielsweise mit biologischer Kriegführung oder Angriffen auf die Kommunikationssysteme befassen. In der Hauptsache konzentrieren sich die Programme auf den Schutz der Streitkräfte. Dagegen drängen unabhängige Organisationen, die über große Autorität verfügen – wie die Nationalen Akademien (der Wissenschaft, Technik und Medizin) und die RAND Corporation –, seit langem darauf, sich vor allem mit dem Schutz der Zivilbevölkerung zu beschäftigen. Die militärischen Methoden zum Schutz der Soldaten gegen chemische und biologische Waffen in einer Kampfzone lassen sich nämlich kaum ohne weiteres auf den Schutz der Zivilbevölkerung übertragen.

2.

Will man der Drohung des Terrorismus in der Heimat begegnen, müssen diejenigen, die es gewohnt sind, mit diszipliniertem und ausgebildetem Personal in Kampfsituationen zu operieren, radikal umdenken. Werden die Militär- und Nachrichtendienstapparate ihr Denken heute rascher ändern können als damals, als Vannevar Bush darum kämpfen musste, dass die Marine mit Radar ausgerüstete Flugzeuge gegen die deutschen U-Boote einsetzte und die Armee amphibische Transportfahrzeuge ausprobierte? Der Oberkommandierende der Marine, der glaubte, die traditionellen Konvois seien das beste Mittel, um die alliierte Seefahrt im Nordatlantik gegen die deutschen U-Boote zu schützen, sträubte sich lange dagegen, das neu entwickelte Flugradar einzusetzen, um U-Boote aufzuspüren und zu verfolgen. Im frühen Stadium des Krieges kamen im Atlantik auf jedes zerstörte U-Boot vierzig versenkte alliierte Schiffe. Als das neue System dann zum Einsatz kam, sank dieses Zahlenverhältnis rasch unter eins zu eins, und die Deutschen zogen die U-Boote zurück. Das war nur eine der Leistungen der »brillanten und exzentrischen« Wissenschaftler des so genannten Rad Lab, dem Radarlabor des OSRD. Was die amphibischen Transportfahrzeuge anging, war das für Konstruktion und Bau von Lastkraftwagen verantwortliche Zeugamt der Armee kategorisch dagegen. Bush zufolge »wussten sie selbst alles über die Sache und wollten keine schlauen Jungs auf ihrem Hof spielen sehen«. Schließlich überlegte es sich die Armee aber doch anders, und die Amphibientransporter hatten entscheidenden Anteil am Erfolg der Landeoperationen im Pazifik, in Nordafrika, in Sizilien und in der Normandie.

Umgekehrt macht die akademische Welt ihrerseits eine Zusammenarbeit mit dem Militär und den Nachrichtendiensten häufig nicht gerade einfach. Es gibt dort Gewohnheiten, die Akademiker nicht unbedingt dazu anregen, sich nationalen Notwendigkeiten zu unterwerfen. Wissenschaftler in der freien Forschung schätzen ihre Unabhängigkeit und lehnen es unter Umständen vehement ab, sich auf bestimmte Aufgaben festzulegen oder sich an Zeitpläne und Termine zu binden, wie es in der Industrie üblich ist. Durch die Beschwörung des Patriotismus und mit dem Zuckerbrot der Forschungsfinanzierung ist es dem OSRD jedoch gelungen, ein striktes Projektmanagement durchzusetzen.

Das schwierigste Problem wird jedoch darin bestehen, die notwendige Koordination und Kommunikation zwischen den Forschern und den für Sicherheitsfragen zuständigen Behörden auf Bundes-, Staats- und Regionalebene herzustellen. Kenner der Zusammenhänge pflegen zu sagen, dass Repräsentanten dieser Behörden bei Treffen eloquent von Kooperation und Informationsaustausch sprechen, aber sofort nach dem Ende der Sitzungen wieder eifersüchtig ihr eigenes Terrain verteidigen. So kommt es dazu, dass von verschiedenen Regierungsvertretern oder von Beamten verschiedener Behörden auf lokaler oder nationaler Ebene widersprüchliche wissenschaftliche Informationen kommen können. Es gibt bereits Anzeichen dafür, dass Nachrichtendienste auf eigene Faust wissenschaftliche Beratergruppen rekrutieren und diese zur Vertraulichkeit verpflichten. Die Öffentlichkeit könnte mit Recht die Frage stellen: Wer hat hier eigentlich das Sagen? Die Situation verlangt in einer Zeit, in der ein autokratischer Stil wie der von Vannevar Bush nicht mehr möglich ist, nach entschlossener Führung.

Militär und Nachrichtendienste neigen zu dem Glauben, Geheimhaltung sei immer wünschenswert. Im Gegensatz dazu lehnt die akademische Wissenschaft traditionell jede Geheimhaltung ab, weil die Veröffentlichung von Forschungsergebnissen ihre Produktionsform ist und weil sie nach diesen Ergebnissen beurteilt wird. Freier internationaler Austausch ist die Norm, und durch das Internet ist er weiter erleichtert worden. In der Industrie allerdings wurde schon immer streng auf Vertraulichkeit geachtet, und die wachsende Zusammenarbeit von akademischen Forschern und biotechnischen und informationstechnologischen Firmen hat die Geheimhaltung auf diesen Gebieten akzeptabler gemacht. Vannevar Bush überraschte seinerzeit das Militär, indem er die notwendige Geheimhaltung strikt und erfolgreich durchsetzte. Ihn irritierte allerdings, wie lange das FBI für die notwendigen Sicherheitsüberprüfungen des Personals brauchte. Für ihn war jede Minute kostbar. Und heutzutage kann es Monate dauern, bis das FBI die vom Präsidenten für Regierungsämter vorgeschlagenen Kandidaten der Sicherheitskontrolle unterzogen hat.

Für nachrichtendienstliche Tätigkeiten und militärische Planungen ist Geheimhaltung natürlich unabdingbar. Wenn es um die innere Sicherheit des eigenen Landes geht, sieht es jedoch anders aus. Da ist es ein ungeheurer Vorteil, wenn die Öffentlichkeit gründlich informiert ist, falls das Risiko von biologischen oder chemischen Anschlägen besteht. Tausende von örtlichen Beamten, die für die öffentliche Gesundheit und Sicherheit zuständig sind, müssen für Krisenfälle gewappnet sein. Vor kurzem löschten sowohl das Umweltschutzamt als auch die Gesundheitsschutzzentren bestimmte Informationen über gefährliche Chemikalien, deren Aufbewahrungsorte und die Pläne für Krisenfälle, die im Zusammenhang mit diesen Substanzen auftreten können, von ihren Internetseiten, und die einschlägigen Chemiefirmen taten es ihnen bereitwillig nach. Als Grund wurde angeführt, man müsse auf Geheimhaltung bestehen, damit die Informationen nicht an potenzielle Terroristen gelangten. Es ist jedoch anzunehmen, dass den Chemiefirmen, denen es seit Jahren missfallen hatte, dass sie die Anwohner über gewisse Risiken aufklären mussten, diese Gelegenheit zur Abschottung nicht ungelegen kam. Was die Regierung angeht, so verteidigte Gesundheitsminister Tommy G. Thompson die Säuberungen der Websites im Oktober, indem er beruhigend versicherte, man sei »auf alle Eventualitäten und alle Folgen vorbereitet, die sich aus jedweder Art von bioterroristischem Angriff ergeben könnten«, und hinzufügte: »Ich möchte das amerikanische Volk beruhigen.«

Das bloße Vertrauen auf Washington dürfte jedoch im Fall weit verstreuter gefährdeter Angriffsziele nur wenig nutzen. Die Kommunen in der Nähe solcher Gefahrenpunkte und die örtlichen Beamten, die im Krisenfall zuständig sind, sind jetzt, nach der Geheimhaltungsaktion, nur noch unvollständig informiert und deshalb weder in der Lage, verbesserte Sicherheitsvorkehrungen zu fordern, noch ausreichend vorbereitet, um bei zufälligem Austreten oder absichtlicher Freisetzung gefährlicher Substanzen effektiv reagieren und sachgemäß

Meldung machen zu können. Im Allgemeinen sind die Amerikaner Pragmatiker und setzen sich mit erschreckenden Tatsachen nüchtern auseinander; man braucht sie nicht zu verhätscheln. Wenn die Bevölkerung Bescheid weiß, ist eine Panik wesentlich unwahrscheinlicher als im entgegengesetzten Fall, wenn man sie im Dunkeln lässt.

Diese Tendenz zu immer größerer Geheimhaltung muss vom Kongress und von der Öffentlichkeit ständig im Auge behalten werden. Bei allen Entscheidungen, bei denen es darum geht, ob der Öffentlichkeit Informationen vorenthalten werden sollen, müssen die Risiken und Vorteile von Geheimhaltung einerseits und Offenheit andererseits sorgfältig gegeneinander abgewogen werden.

3.

Hauptanliegen des zum OSRD gehörenden Ausschusses für medizinische Forschung waren bisher die Gesundheit der Streitkräfte und die Behandlung von Verwundeten. Seine Leistungen, darunter der verbesserte Schutz vor Malaria und deren effektivere Behandlung sowie die Entwicklung und Produktion von Penizillin, dem ersten Antibiotikum, waren nach dem Krieg auch für die Zivilbevölkerung von höchster Bedeutung. Heute betreffen unsere Sorgen die Möglichkeit, dass die Bevölkerung absichtlich Seuchenerregern und gefährlichen chemischen Wirkstoffen ausgesetzt werden könnte. Ein Anschlag auf die Trinkwasserversorgung oder die Produktion von tierischen und pflanzlichen Lebensmitteln wäre ebenso gravierend wie ein direkt auf Menschen zielender Angriff. Außerdem könnte ein solcher Anschlag tief greifende Auswirkungen auf unsere bereits stark belastete Umwelt haben.

Präsident Nixon verzichtete namens der USA auf Entwicklung und Einsatz biologischer Waffen. Nach dem Abkommen über Biowaffen von 1995 und dem zwei Jahre zuvor geschlossenen über Chemiewaffen, so unvollkommen sie in mancher Hinsicht sein mögen, ist der Einsatz solcher Substanzen durch Staaten zu feindseligen Zwecken völkerrecht-lich geächtet. Was diese politischen Vereinbarungen an Be-ruhigung gebracht haben, ist nun zwar durch das Auftauchen eines gesetzlosen und unzivilisierten Feindes zunichte ge-macht worden, aber die Abkommen selbst bleiben wichtige Leitlinien für den internationalen Zusammenhalt im Ange-sicht des Terrors.

Die Mittel, mit denen die Terroristen das World Trade Center und das Pentagon in Schutt und Asche legten und ei-nen Massenmord begingen, waren vollkommen unerwartet. Auf die Bedrohung durch biologischen und chemischen Ter-rorismus ist dagegen schon häufig hingewiesen worden. Sucht man im Internet unter dem Stichwort »Bioterrorismus«, er-hält man eine große Menge solider Informationen. Man hat die Substanzen, die mit größter Wahrscheinlichkeit verwen-det werden, ermittelt und beschrieben – darunter bei den bio-logischen Wirkstoffen Milzbrand, Botulismusgifte und Po-cken, andererseits Chemikalien wie Chlor, Senfgas und Sarin. Man hat fiktive Szenarien durchgespielt, und auch die Schluss-folgerungen aus realen Fällen, wie dem Sarinanschlag der ja-panischen Aum-Shinrikyo-Sekte, sind in die Zivilschutzpläne eingeflossen. Wir hätten vorbereitet sein können, waren es aber trotz all des zur Verfügung stehenden Wissens nicht.

Die Milzbrandkampagne führte zu allgemeiner Desin-formation, hektischen Befürchtungen und irrigen und von-einander abweichenden Verlautbarungen von Behörden und Medien. Wir haben es versäumt, uns der umfangreichen, öf-fentlich zugänglichen Informationen zu bedienen. Wenn die Bundesregierung, die einzelnen Bundesstaaten oder Kommu-nen in der Vergangenheit zu entscheiden hatten, wie das vor-handene Geld verteilt werden sollte, war es stets so, dass etwas anderes wichtiger zu sein schien als die Bedrohung durch den Terrorismus. Laut Bundesrechnungshof hat die Bundesregie-rung im letzten Haushaltsjahr – Forschung eingeschlossen – nur etwa dreihundertfünfzig Millionen Dollar für Programme zur Abwehr des Bioterrorismus ausgegeben. Der Senat hat nun vorgeschlagen, diesen Betrag zu verfünffachen und mehr als ein Drittel davon an die Bundesstaaten und Kommunen weiterzuleiten, wo die Mittel auch hingehören. Selbst wenn sich über die jüngsten Milzbrandanschläge hinaus kein weiterer Bioterrorismus entwickeln sollte, könnte dieses Geld trotzdem gut angelegt sein, sofern damit die allgemein als unzulänglich betrachtete Infrastruktur des Gesundheitswesens ausgebaut würde.

Der Milzbranderreger ist zwar ein potenziell tödlicher Bazillus, wird aber nicht von Person zu Person übertragen und lässt sich mit herkömmlichen Antibiotika effektiv behandeln. Viel schlimmer wären die Pocken, die direkt übertragbar und nicht behandelbar sind. Wenn sie – oder irgendeine andere Infektionskrankheit – aufträten, würden sie rechtzeitig entdeckt und der Erreger identifiziert? Wie würden die begrenzten Mengen von Impfstoff, die vorhanden sind, dorthin gebracht, wo sie benötigt werden? Wer würde entscheiden, wer geimpft werden soll? Wir brauchen offene, landesweite Informationssysteme und Beobachtungsinstanzen – Menschen oder Computer –, die relevante Entwicklungsmuster erkennen können. Entscheidend werden dabei Kenntnisse über die lokalen Verhältnisse sein. Außerdem müssen Biologen und medizinisches Personal sowie Informationstechniker, die Systeme entwickeln und anwenden können, welche es erlauben, Strukturen leichter statistischer Abweichung zu erkennen, zur Verfügung stehen. Wie groß die Herausforderung ist, sieht man an einem kürzlich erschienenen Bericht des Institute of Medicine über die Stärken und Schwächen des Städtischen Medizinischen Schutzprogramms. Der Bericht, der zu einer Zeit begonnen wurde, als solche Angriffe noch reine Gedankenspiele zu sein schienen, wurde nach dem 11. September abgeschlossen. Vielleicht wird man ihm deswegen etwas mehr als nur kursorische Beachtung schenken, weil er einem der Mitglieder des Expertenausschusses gewidmet ist, Raymond

M. Downey, der als Leiter der Rettungseinsätze der Feuer-
wehr von New York City in Ausübung seiner Pflicht am
World Trade Center ums Leben gekommen ist.

Ebenso wichtig wie die Beachtung vorliegender Informationen sind neue Forschungen mit dem Ziel einer rascheren
Entdeckung und Behandlung bekannter und unbekannter
Wirkstoffe der chemischen und biologischen Kriegführung.
Experten von den Universitäten und aus der Industrie, die
einen guten Überblick haben, könnten Regierungsbehörden
über relevante innovative Forschungsvorhaben informieren,
die Unterstützung verdienten. Die Förderprogramme von
NSF und NIH müssten im Hinblick auf solche Projekte um-
strukturiert werden. Beispielsweise deuten verschiedene neue
Berichte aus der Forschung auf neue Ansätze bei der Bekämpfung von Milzbrand hin. Solchen Studien sollte man Priorität
einräumen und großzügige Förderung gewähren.

Wenn sich die Aussicht auf neue Therapien und Impfstoffe
eröffnet, wäre es nützlich, an zwei Prinzipien zu denken, die
Vannevar Bush für das OSRD formuliert hat: Zum einen
musste eine neue Entdeckung nicht sofort vollkommen sein;
eingesetzt wurde sie dennoch. Als beispielsweise Ende 1942,
nur zwei Jahre, nachdem die Engländer dem OSRD die Idee
unterbreitet hatten, der Annäherungszünder in Produktion,
funktionierten anfangs nur zweiundfünfzig Prozent der von
der Pilotanlage produzierten Detonatoren (die eine Bombe
ferngesteuert in der Nähe eines Ziels zur Explosion bringen
sollten, statt zu einem vorher eingestellten Zeitpunkt oder
beim Aufprall). Doch bis zum Ende des Krieges, als täglich
siebzigtausend der fingernagelgroßen Detonatoren herge-
stellt und dann rasch auf die pazifischen und atlantischen
Kriegsschauplätze verfrachtet wurden, stieg die Erfolgsquote
deutlich an.

Zum anderen achtete das OSRD auf den Zeitfaktor: Vorhaben, die wahrscheinlich erst nach dem Krieg in die Praxis
umgesetzt werden konnten, wurden nicht weiterverfolgt.

Heutzutage könnte beispielsweise die Gesundheitsbehörde ihre Prüfungsprozeduren beschleunigen und revidieren, um wichtige Impfstoffe und Behandlungsmethoden schneller verfügbar zu machen, wenn umfangreiche klinische Untersuchungen nicht abgewartet oder aus ethischen Gründen in Ermangelung befallener Personen (etwa Pockenkranker) nicht durchgeführt werden können. Medikamente oder Impfstoffe, die nur bei der Hälfte der Patienten wirken, könnten immer noch viele Leben retten, solange sie an sich ungefährlich sind. Und in extremen Situationen könnte selbst das Kriterium der Ungefährlichkeit relativiert werden.

Zu Beginn des Zweiten Weltkriegs begann man gerade erst zu erkennen, welches Potenzial der Computer besaß. Bush selbst war ein Pionier auf dem Gebiet der analogen Computer und stand der Weiterentwicklung digitaler Ansätze daher skeptisch gegenüber. Er hatte zwar über einen »Memex« genannten Apparat nachgedacht, der über Bildschirm und Tastatur allen das Wissen der Jahrhunderte zugänglich machen sollte. 1940 aber verweigerte das OSRD Norbert Wieners Projektvorschlag zur Entwicklung digitaler Systeme seine Unterstützung. Bush glaubte nicht, dass ein verwendbares Gerät rechtzeitig fertig gestellt werden konnte, um noch im Krieg von Nutzen zu sein; das Projekt wäre in seinen Augen daher eine Verschwendung kostbarer menschlicher und finanzieller Ressourcen gewesen. Mittlerweile sind digitale Computer ein wesentlicher Bestandteil der nationalen Infrastruktur und des persönlichen Lebens – und ein Ziel sowohl für Hacker als auch für Terroristen.

Auf die eine oder andere Art hängen heute Regierung, Militär, Finanzmärkte, Energie- und Wasserversorgung, Verkehr und Geschäftsleben allesamt von Datenspeichern und Computernetzen ab. Schon ein erfolgreicher Angriff auf nur eines dieser Systeme würde das Alltagsleben in den USA weitgehend lahm legen. Man stelle sich vor, was der Virus eines Hackers auf den Computern eines Unternehmens anrichten kann, und extrapoliere dann, was es für Folgen hätte, wenn die U-Bahn von New York oder Washington ausfallen würde. Im Gegensatz zu biologischen und chemischen Anschlägen, vor denen man sich nur schwer schützen kann, kann man gegen die »informationelle Kriegführung«, wie sie genannt wird, Vorbeugungsmaßnahmen ergreifen.

Wie im Fall des Bioterrorismus werden die Grundmerkmale der informationellen Kriegführung in mehreren Untersuchungen beschrieben, die von der Öffentlichkeit weitgehend ignoriert werden. Zu diesen Merkmalen zählen geringe Kosten, die Verfügbarkeit der einschlägigen Techniken sowohl für Staaten als auch für Individuen, die Schwierigkeit, Terroristen von Hackern, technischen Defekten und Spionen zu unterscheiden, sowie die Irrelevanz geographischer Entfernung, das heißt die Tatsache, dass Ziele in den USA von jedem Punkt der Welt aus angreifbar sind. Wie wichtig es ist, dass sich technische Experten mit dem Problem befassen, wird in einer RAND-Studie betont, in der es heißt: »Das Thema ist ganz neu und in vieler Hinsicht technisch komplex, vor allem für die Personen, die man typischerweise in Positionen antrifft, in denen politische Entscheidungen getroffen werden.«

Früher einmal hatte die DARPA Zugang zur fortgeschrittensten theoretischen Computerforschung. In den sechziger Jahren war sie die treibende Kraft hinter der Entwicklung des Internets und anderer innovativer Computertechniken, da sie durch eine beständige Unterstützung hervorragender Kräfte an den Universitäten eine freie, revolutionäre Grundlagenforschung ermöglichte. In den frühen siebziger Jahren – gerade, als das Internet sich rasant zu entwickeln begann – änderte sie jedoch ihre Politik und begann ihre Unterstützung auf Projekte zu beschränken, die den Anforderungen des Pentagons entsprachen. Ab 1986 schließlich war das entscheidende Büro bei der DARPA nicht mehr mit Zivilpersonal besetzt. Zu einer weiteren Abkühlung der Beziehungen zwischen dem Pentagon und der akademischen Wissenschaft führte in den

siebziger Jahren der so genannte Mansfield-Verfassungszu-
satz (auch wenn er später zurückgenommen wurde), der dem
Verteidigungsministerium vorschrieb, nur noch Grundlagenforschung mit direktem Bezug zu militärischen Notwendigkeiten zu unterstützen. Das lief darauf hinaus, dass das Pentagon überhaupt keine Grundlagenforschung mehr finanzieren
durfte, da Grundlagenforschung per Definition keine spezifi-
schen Ziele kennt außer dem, das Wissen auf einem bestimmten Gebiet zu erweitern.

Die weitere Entwicklung des Internets und anderer kom-
plexer Instrumente zum Aufbau mächtiger Datenbanken, von
Kommunikationsnetzen, Techniken zur Informationsfiltie-
rung und so weiter fand auf dem privaten Sektor statt. Es ist
nicht ganz klar, ob das Militär heute mit dem Niveau der
Computertechnologie an den Universitäten und in der Industrie mithalten kann oder Kontakt zu intelligenten, unkonven-
tionellen Leuten wie den Gründern der neuen IT-Firmen hat.
Vielleicht wird der Patriotismus (und die Tatsache, dass verschiedene Neugründungen auf diesem Sektor kürzlich Bank-
rott gegangen sind) solche Kräfte ermutigen, in Zukunft an
Problemen von nationaler Relevanz mitzuarbeiten.

Es hat etwas Erschreckendes, wenn man sich mit dem Thema genauer befasst, aber Zahl und Vielfalt möglicher terroristischer Techniken und Aktionen sind groß. Während wir
Vorkehrungen treffen, um die offensichtlicheren Formen
möglicher Angriffe auf die Zivilbevölkerung abzuwehren,
muss auch auf anderen Gebieten geforscht werden. Beispiele
dafür sind die Überwachung aus dem Weltraum, die Flugsi-
cherheit, alternative Treibstoffe, Techniken zur Identifizie-
rung von Sprengstoffen und die Sicherheit privater und öf-
fentlicher Gebäude. Mit Ausnahme der Psychiatrie – psychi-
sche Probleme waren während des Zweiten Weltkriegs der
häufigste Grund für die medizinisch bedingte Entlassung aus
der Armee – schenkte das OSRD den Sozial- und Geisteswis-
senschaften nur geringe Aufmerksamkeit. Doch bereits jetzt

ist durch die mannigfaltigen Auswirkungen des 11. September und der Milzbrandanschläge klar geworden, dass die Nation davon profitieren würde, wenn man sich mit größerer Aufmerksamkeit beispielsweise der Wirtschaftswissenschaft, der Massenpsychologie und der Orientalistik zuwenden würde. Die tief greifenden Auswirkungen des Terrors eines einzigen Tages auf unsere nationale Wirtschaft haben alle überrascht. Es gibt keine Anzeichen dafür, dass unsere Regierung vorher ernsthafte Anstrengungen unternommen hätte, die möglichen wirtschaftlichen Folgen von Angriffen innerhalb der USA zu untersuchen und die Frage zu beantworten, was danach getan werden kann, um den Schock zu mildern. Solche Überlegungen könnten von großer Bedeutung für die gesamte Wirtschaft sein, von kleinen Geschäften bis zu großen Konzernen. Bei einer Internetsuche war nur eine einzige Studie zu den Kosten von Milzbrand-, Bruzellose- und Tularämie-Epidemien zu finden. Kurz, wir sind auf die wirtschaftlichen Folgen solcher Anschläge ebenso wenig vorbereitet wie auf die Lösung der Sicherheitsprobleme.

Von Beginn der gegenwärtigen Krise an hat die Bevölkerung von der Regierung erwartet, dass sie die widersprüchlichen Meldungen der Medien klarstellt. Stattdessen hat sie den guten Rat bekommen, vorsichtig zu sein, gleichzeitig aber ihr alltägliches Leben weiterzuführen. Viele Menschen sind voller Angst, und manche befinden sich am Rand der Panik. Etwas besonnenere Sozialwissenschaftler könnten helfen, konstruktive Formen einer aufrichtigeren Öffentlichkeitsarbeit zu entwickeln, mit denen man der Nation in dieser Situation und den noch schlimmeren, die folgen könnten, Halt geben kann.

Alle denkbaren terroristischen Bedrohungen vorherzusehen ist unmöglich. Science-Fiction-Autoren könnten wahrscheinlich mehr mögliche Szenarien liefern als ein Beamtenapparat, der an konventionelles Denken gewöhnt ist. Aber auf welche der Bedrohungen, die eine gewisse Wahrscheinlich-

keit für sich haben, sollten wir vorbereitet sein? Wie entscheiden wir im Fall eines Großangriffs, wer von den Opfern
oder Gefährdeten bevorzugt behandelt werden soll? Kurz, es
ist notwendig, diejenigen einzubeziehen, die Modelle von
Epidemieverläufen entwickelt und eingehend über Risiko-
analysen nachgedacht haben.

4.

Die Nation wird gut daran tun, alle Ideen von Wissenschaftlern und Technikern zu sammeln, so unausgegoren sie sein
mögen. Für die Verbreitung dieser Ideen unter den Regierungsbehörden wäre es förderlich, wenn die mit Innovation
befasste Instanz der Bundesregierung nicht in eine bereits
existierende Bürokratie eingegliedert wird. Das neue Amt für
Innere Sicherheit könnte hier die Führung übernehmen, zumal es im Weißen Haus angesiedelt ist. Dies wird Tom
Rodge, dem Leiter des neuen Amts, allerdings den gleichen
forschen, hartnäckigen Einsatz abverlangen wie einst Vannevar Bush, und man sollte ihm einen energischen Wissenschaftler als Stellvertreter an die Seite stellen. Seine Organisation könnte – unabhängig von traditionellen Regierungsbehörden wie der OSRD – einen effizienten Sammelpunkt jenes
Spezialwissens bilden, das angesichts der Herausforderung
durch den Terrorismus benötigt wird.

Allzu oft wird bei strategischen Planungen von Regie-
rungsprogrammen eine bestimmte, für den Erfolg entscheidende Frage nicht gestellt: Gibt es genügend hoch qualifizier-
te und kompetente Personen, die das Programm durchführen
können? Man geht davon aus – und oft entsprechen die Ein-
stellungsregeln dieser Annahme –, dass es ausreicht, den best-
qualifizierten Bewerber einzustellen, und man sich ansonsten
auf Weiterbildungskurse verlassen kann, um weniger qualifi-
zierte Leute auf den geforderten Stand zu bringen. In unserem Fall aber müssen Militär und Nachrichtendienste aus-
nahmslos die Spitzenkräfte einstellen, wobei deren politische

Überzeugung keine Rolle spielen darf. Die Amtsträger müssen einsehen, dass sie selbst niemals die Kreativität, das Talent und den aktuellen Wissensstand von jungen Leuten haben werden, und mögen diese noch so unkonventionell sein. Vannevar Bush war ständig damit beschäftigt, für Mitarbeiter, die ihm wichtig schienen, einen Aufschub der Einberufung zum Militär zu erwirken, und seine Spezialisten waren fast alle jünger als sechsundzwanzig. Herausragende Wissenschaftler, Techniker und Gelehrte sind oft unabhängig und unangepasst, während der militärische und bürokratische Typus sich stärker an Regeln und Vorschriften orientiert. Die Geschichte des OSRD, die frühen Jahre der DARPA, der NASA und des NIH zeigen, dass es produktive Möglichkeiten gibt, die Zusammenarbeit zwischen diesen beiden grundverschiedenen Welten zu intensivieren – sowohl innerhalb des Regierungsapparats als auch durch eine Kooperation der Regierungsbehörden mit Universitäten und Industrie. Die Politik des OSRD, die Leute dort arbeiten lassen, wo sie sind, statt sie in Laboratorien und Büros der Regierung zu holen, dürfte immer noch am effektivsten sein.

Der internationale Terrorismus und die Notwendigkeit intelligenter Gegenstrategien dürften uns noch lange beschäftigen. Unsere zukünftige Sicherheit wird ein ständig neu aufzufüllendes Reservoir an Mathematikern, Naturwissenschaftlern, Ingenieuren und Computerspezialisten erfordern. Im Augenblick aber sinkt die Zahl der jungen Amerikaner, die diese Fächer studieren. Man hat mit endlosen Gutachten und einer Menge Geld für Förderprogramme versucht, dies zu ändern. In den letzten Jahren gingen in den Naturwissenschaften etwa ein Drittel der an amerikanischen Universitäten verliehenen Doktortitel und in den Ingenieurwissenschaften etwa die Hälfte an Ausländer. Viele dieser Absolventen werden in den USA bleiben und unseren Bedarf decken helfen. Wir heißen sie willkommen, wissen aber auch, dass die Kenntnisse derjenigen unter ihnen, die aus armen Ländern kommen, in ihrer Heimat dazu beitragen könnten, jene Lebensbedingungen zu überwinden, deren Fortdauer den Terrorismus nährt.

Der Aufbau einer Infrastruktur für wissenschaftliche Forschung in Entwicklungsländern kann direkte Verbesserungen der wirtschaftlichen Lage, der Gesundheitsversorgung und der allgemeinen Lebensbedingungen mit sich bringen. Den Wissenschaftlern der USA fällt in dieser Hinsicht eine wichtige Rolle zu. Dabei sind zunächst die typischen weit reichenden informellen Verbindungen in der wissenschaftlichen Welt bedeutsam, ferner institutionalisierte Verbindungen wie das vom Präsidenten der amerikanischen Akademie begründete internationale Netzwerk der Akademien der Wissenschaften. Eine dritte Möglichkeit, die Einrichtung von Forschungslaboratorien mit hohem Niveau in Entwicklungsländern, hat in der Vergangenheit zu enttäuschenden Ergebnissen geführt, da solche Institutionen meist nicht mehr weiterbetrieben werden können, nachdem sich die internationalen Förderorganisationen zurückgezogen haben. Es ist schwierig, die Entwicklungsländer davon zu überzeugen, dass Investitionen in die wissenschaftlich-technische Infrastruktur, darunter die Ausbildung von Wissenschaftlern und Ingenieuren, wegen ihrer langfristigen positiven Auswirkungen auf das Alltagsleben Priorität haben sollten. Auch hier sind neue Ansätze gefragt.

Eine besondere Herausforderung stellt die wissenschaftliche Kooperation mit islamischen Ländern dar, zumal in Fällen, wo Regierung und Staatsreligion miteinander identifiziert werden oder eng miteinander verknüpft sind und den USA eine Feindseligkeit entgegenschlägt, die zumindest teilweise die Folge des Misstrauens gegenüber dem westlichen technischen Fortschritt ist. Nach Ansicht Professor Seyyid Hossein Nasrs, Professor für Islamforschung an der George Washington University, wird »die Kulturkrise, die durch den erfolgreichen Transfer westlicher Wissenschaft und Technik (der zumindest erfolgreich genug war, um rasche kulturelle Veränderungen zu bewirken) ausgelöst wurde, die islamische Welt weiterhin vor große Probleme stellen«. Vielleicht können die Erfahrungen, die wir hier in Amerika mit Konflikten zwischen Wissenschaftlern und religiösen Fundamentalisten gemacht haben, uns helfen, einen konstruktiven Dialog mit Wissenschaftlern in islamischen Ländern in Gang zu bringen.

Millionen von Menschen in armen Ländern müssen zusehen, wie ihre Kinder an Krankheiten sterben, die bei uns seit Generationen unbekannt sind. Sie leiden oft selbst ohne Hoffnung auf medizinische Versorgung an Malaria, Aids, Tuberkulose, Cholera und anderen Krankheiten. (Die Schätzung der weltweit zu beklagenden Malariaopfer wurde kürzlich von einer Million auf 2,7 Millionen Menschen pro Jahr angehoben.) Diesen Menschen mag eine Verseuchung unserer relativ sauberen Umwelt durch gefährliche biologische und chemische Wirkstoffe nicht ganz so entsetzlich erscheinen wie uns. Auch könnte die uns unbegreifliche Bereitschaft von Terroristen, für ihre Sache zu sterben, damit zusammenhängen, dass die Lebenserwartung in ihren jeweiligen Gesellschaften ohnehin gering ist. Wir haben zwar seit langem gewusst, wie ungeheuer groß die Diskrepanz zwischen der Gesundheitssituation im Westen und in den Entwicklungsländern ist, es aber vermieden, viel dagegen zu unternehmen, weil unsere Politik von den Prinzipien der Marktwirtschaft bestimmt wird und weil wir eine geizig-vorsichtige Vorstellung von unserem eigenen Reichtum haben. Jetzt sind wir gezwungen, Milliarden von Dollar auszugeben, um die Schäden von Terrorakten zu beseitigen und uns auf mögliche weitere Angriffe vorzubereiten. Von Krankheiten bedrohte Völker wären vielleicht heute weniger aggressiv, wenn wir diese Milliarden in der Vergangenheit dafür verwendet hätten, etwas von dem, was uns ein gesundes Leben verschafft, mit ihnen zu teilen, so wie wir nach dem Zweiten Weltkrieg durch den Marshallplan mit dem verwüsteten Europa geteilt haben. Man kann den Standpunkt

vertreten, dies falle eigentlich nicht in unsere Verantwortlich-
keit, doch wäre es konstruktiver gedacht, wenn wir einsähen,
dass es heute ein entscheidender Bestandteil unserer nationalen Verteidigung ist, Mittel und Wege zu finden, unser me-
dizinisch-technisches Wissen mit den ärmeren Ländern zu
teilen.

Herausgeber und Autoren

Abbas Amanat ist Geschichtsprofessor und Vorsitzender des Council on Middle East Studies in Yale. Er wurde im Iran geboren und an den Universitäten Teheran und Oxford ausgebildet. Zu seinen Schriften gehören Studien über die Geschichte des Islam und der amerikanischen Diplomatie im Nahen Osten.

Paul Bracken ist Professor für Management und politische Wissenschaft in Yale. Sein letztes Werk trägt den Titel *Fire in the East: The Rise of Asian Military Power and the Second Nuclear Age*, zurzeit schreibt er ein Buch über neue Herausforderungen an die amerikanische Militärmacht.

Nayan Chanda ist Publikationsdirektor am Yale Center for the Study of Globalization. Von 1996 bis 2001 war er verantwortlicher Herausgeber der *Far Eastern Economic Review* und zuvor zweiundzwanzig Jahre lang Korrespondent der Zeitschrift. Er ist Autor von *Brother Enemy: The War After the War* und Co-Autor von mehr als einem Dutzend Bücher über Politik, Sicherheit und Diplomatie in Asien.

Niall Ferguson ist Professor für Politik- und Finanzgeschichte an der University of Oxford und Gastprofessor für Volkswirtschaft an der Stern School of Business, New York University. Er begleitet die zeitgenössische Politik mit regelmäßigen Kommentaren und hat mehrere Bücher verfasst, darunter *Politik ohne Macht. Das fatale Vertrauen in die Wirtschaft*. Gegenwärtig arbeitet er an einer Geschichte des britischen Empire und der Lehren, die das heutige Amerika aus ihr ziehen kann.

John Lewis Gaddis ist Geschichtsprofessor in Yale und Senior Fellow an der Hoover Institution in Stanford. Er hat an der Ohio University, am Naval War College sowie an den Universitäten Helsinki, Princeton und Oxford gelehrt. Sein zuletzt erschienenes Buch ist *We Now Know: Rethinking Cold War History*. Derzeit arbeitet er an einer Biographie über George F. Kennan.

Charles Hill ist Distinguished Fellow des International Security Studies Program in Yale und außerdem an der Hoover Institution und der Baylor University tätig. Als amerikanischer Berufsdiplomat war er in Washington und auf verschiedenen Posten im Ausland mit China und dem Nahen Osten befasst. Er war Berater der Außenminister Kissinger, Haig und Schultz und Sonderberater von UN-Generalsekretär Boutros Boutros-Ghali.

Paul Kennedy ist Geschichtsprofessor und Direktor des International Security Studies Program in Yale. In England geboren und in Oxford ausgebildet, hat er dreizehn Bücher verfasst, darunter *Aufstieg und Fall der Großen Mächte. Ökonomischer Wandel und militärischer Konflikt von 1500 bis 2000*. Er schreibt gegenwärtig zwei Bücher: über die Entwicklung der Ideen zu den Vereinten Nationen und über internationale Politik im zwanzigsten Jahrhundert.

Harold Hongju Koh ist Professor für Internationales Recht in Yale. Er diente als Staatssekretär für Demokratie, Menschenrechte und Soziales in der Regierung Clinton. Zurzeit schreibt er ein Buch mit dem Titel *Why Nations Obey: A Theory of Compliance With International Law*.

Maxine Singer ist Molekularbiologin und Präsidentin der Carnegie Institution of Washington, die Forschungen in Biologie, Astronomie, Geo- und Planetenwissenschaften be-

treibt. Früher arbeitete sie über dreißig Jahre lang als Forsche-
rin an den National Institutes of Health. Sie ist Mitglied der
National Academy of Sciences und Vorsitzende des dortigen
Komitees für Wissenschaft, Maschinenbau und Öffentlich-
keitspolitik.

Strobe Talbott ist Direktor des Yale Center for the Study of
Globalization. Er war von 1994 bis 2001 stellvertretender US-
Außenminister. Bevor er in die Regierung eintrat, arbeitete er
einundzwanzig Jahre lang als Journalist für das *Time Maga-
zine*. Er hat sechs Bücher über Rüstungskontrolle und diplomatische Beziehungen verfasst. Sein neuestes Werk, *The
Russia Hand: A Memoir of Presidential Policy*, wird im Frühjahr
2002 erscheinen.

Amerika und das Gleichgewicht der Welt

Henry Kissinger | **Die Herausforderung Amerikas**
Weltpolitik im 21. Jahrhundert | 376 Seiten
Gebunden mit Schutzumschlag
ISBN 3-549-07152-3

»Die USA werden ihre seelischen und
materiellen Kräfte überfordern, wenn sie
nicht zu unterscheiden wissen zwischen
dem, was sie tun müssen; dem, was sie
gern tun würden; und dem, was eindeutig
jenseits ihrer Fähigkeiten liegt.«

HENRY KISSINGER

PROPYLÄEN